AUTONOME PROVINZ BOZEN SÜDTIROL
PROVINCIA AUTONOMA DI BOLZANO ALTO ADIGE
Deutsche Kultur

Die Drucklegung dieses Buches wurde ermöglicht durch
die Südtiroler Landesregierung / Abteilung Deutsche Kultur.

BIBLIOGRAFISCHE INFORMATION DER DEUTSCHEN NATIONALBIBLIOTHEK
Die Deutsche Nationalbibliothek verzeichnet diese Publikation in der Deutschen Nationalbibliografie; detaillierte bibliografische Daten sind im Internet abrufbar: http://dnb.d-nb.de

2012

Co-Autor: Andreas Unterthurner
Umschlagfoto: © pegasusart – Fotolia.com
Fotos: Tscholl Ander, Schenna
Design & Layout: Athesia Verlag
Druck: Athesia Druck, Bozen

ISBN 978-88-8266-879-2

www.athesiabuch.it
buchverlag@athesia.it

TSCHOLL ANDER

mein Drhuam

Erinnerungen an mein Leben

VERLAGSANSTALT ATHESIA | BOZEN

INHALT

VORWORT 9

EINLEITUNG 11

KAPITEL 1 12

Ein Zuhause kannte ich nicht. 12

Wir Kinder warteten am Abend vergeblich auf unsere Eltern. 20

Man war hart mit den eigenen Kindern und noch eine Spur
härter mit nicht eigenen Kindern. 25

Der Spritzbonzen und die Stadelbrücke 25

Ja, der Locher war eine echte Persönlichkeit. 29

Eines schönen Tages tauchten meine Eltern auf einmal wieder auf. 30

... weite Wege und auch große Verantwortung wurden mir auferlegt. 31

... man hatte mich integriert, und das tat ungeheuer gut. 32

Eine blutige Nase war da nichts Besonderes. 32

... der Kampf in der Schule und mit den Nachbarskindern begann aufs Neue. 35

Ich bekam damals zuhause mehr Schläge als zu essen. 35

Muttertag 37

Doch heute sollte es anders sein, heute nicht. 39

KAPITEL 2 41

„Gueter Bua, muasch di hold uanfoch a pissl tummeln."
oder: Auf dem besten Weg, ein ewiger Knecht zu werden. 41

Ich konnte mir nur mit den Fäusten Respekt verschaffen. 41

Ich wurde für einige Tage von der Schule ausgeschlossen. 42

In die Schule kam ich meistens zu spät. 43

Die Goas „Strahle" 47

Sie war mausetot. 48

Die Lüge, das war das Schlimmste 48

... im Nachhinein hat mir der Blick meines Vaters
wesentlich mehr weh getan als eine Tracht Prügel 49

Das „Kübele-Treibn" 49

Mutter nahm mich in den Arm. 53

Pfossental – Eishof: ein toller Ausflug 53

Einzug der Technologie: der Condormotor ... 53
„Du bisch nix und du konnsch nix.“ ... 55
„Du schworzer Teifl!“ ... 56
„Der bleib olm lei a Knecht.“ ... 57
Der Berufsberater ging mir nicht mehr aus dem Kopf. ... 58
Als Knecht beim Salfner-Hof ... 60
Die aufgescheuchten Kühe – ich war mehr in der Luft als am Boden ... 61
Ich hatte schon einiges erlebt, war in sechs verschiedenen Gemeinden zur Schule gegangen. ... 63

KAPITEL 3 ... 66
Herr Bacher erklärte mir den Unterschied zwischen einem Quadrat- und einem Kubikmeter, welche Wörter groß- und welche kleingeschrieben werden ... 66
Die Lohntüte wurde zu Hause abgegeben. ... 67
Der Maestro und der Kamin ... 68
Zu Hause war's manchmal nicht mehr auszuhalten. ... 69
Ich suchte krampfhaft nach Freunden ... 71
Die Berufsschule ... 71
Das Heim war für mich wie ein 4-Sterne-Hotel. ... 72
Vater war im Sommer am Schneeberg.
Am Wochenende musste ich Lebensmittel liefern. ... 73
Mit Anzug und Kravatte am Bau ... 74
Mutter war besorgt um den Vater. ... 75
Ich war mit Leib und Seele Handwerker. ... 75
Ich wollte ins Ausland gehen 76
Ich finanzierte mir meine Schule selbst. ... 78
Ich habe es zum Vorarbeiter gebracht. ... 79
Grundankauf ... 79
Ich arbeitete als Technischer Zeichner. ... 80
Ich zeichnete den Plan für unser Haus. ... 80
Ich wurde Mitglied beim Rettungsdienst Weißes Kreuz. ... 81
Dem Vater widersprochen ... und ich war vor der Tür. ... 82
Das Kolping-Haus wurde mein neues Zuhause. ... 83
Ich hatte immer Hunger. ... 84

KAPITEL 4 ... 86
Ich versuchte den Alltag zu vergessen, indem ich mich in Gefahr begab: in senkrecht abfallende Wände, überhängende Kletterrouten und Touren, die mir oft das Letzte abverlangten. ... 86

Urlaub – und kein Geld ... 87
Begegnung mit Heini Holzer, meinem Bruder im Geiste. ... 88
Mein Helm klemmte fest im Kamin, es ging nichts mehr … ... 91
Mein Humor half mit dabei, meinen Alltag zu meistern. ... 93
Meine erste Bergtour mit Heini Holzer ... 94
Kein Kontakt mehr mit meiner Familie ... 97
Neid und Unverständnis machten sich bemerkbar. ... 99
Es war Weihnachten, und ich war ganz allein … ... 101
Wir waren ein eingefahrenes Team. ... 106

KAPITEL 5 ... 114
Ich wollte mich ab diesem Zeitpunkt nicht mehr über die Vergangenheit und die Art und Weise, wie meine Eltern mit mir umgegangen waren, beklagen. Nein – ich wollte es besser machen und vor allem wollte ich eine Familie, eine eigene Familie. ... 114
Eine neue Herausforderung: Steilwandfahren mit Skiern und Firngleiter ... 114
Die sportlichen Leistungen wurden von außen anerkannt, nicht aber im eigenen Alpenverein. ... 117
Heiratsantrag auf der Mutspitze ... 119
Neue Situation: Vater wollte eine Garni bauen, musste den Bauplan umändern. ... 122
Habe Heini kritisiert. ... 123
Eine weitere bedeutende Steilwandabfahrt ... 124
Heini wurde von der Finanzpolizei am Timmelsjoch festgehalten. ... 126
Ich wurde von jemandem erwartet … ... 127
Ich lieh meinem Vater mein Erspartes. ... 128
Ich stellte mich bei Mengele und Steiner vor. ... 128
Meine Mutter hatte eine Idee. ... 129
Das Bergsteigen und Steilwandfahren wurde stark reduziert. ... 130
Die letzte Steilwandabfahrt ... 130
Am Bau ging es zügig voran, es musste viel organisiert werden. ... 131
Vater verweigerte die Unterschrift beim Notar. ... 133
Thresl stand voll hinter mir. ... 133
Der Termin für die Hochzeit stand fest. ... 134
Das „Geplindre“ soll endlich ein Ende haben, auch für meine Mutter. ... 135
Ich spürte einen Zusammenhalt in der Familie, glaubte es zumindest … ... 135
Das erste gemeinsame Weihnachtsfest ... 136
Ich wollte auch meinem Vater Familienanschluss anbieten. ... 137

Thresl weinte, sie hatte so was noch nie erlebt. 137
Der Suff brachte meinen Vater um. 138
Ich musste mir noch mal allerlei einfallen lassen, um die Bank zufrieden zu stellen. ... 138
Ich wollte meiner Mutter eine Wohnung in Meran kaufen. 138
Wir mussten aufs Neue Schulden machen. 139
Ich habe Heini aus den Augen verloren. 140
Erika hat mir leid getan. 140
„Heini! Mach Nägel mit Köpfen." 141
Ein kräftiger Händedruck 141
Ich war davon überzeugt, dass Heini die Kurve noch kriegen würde. 141
Keiner hat das Recht, über andere zu urteilen. 143
Selbständig, mein eigenes Büro 144
Ich bekam von meinem Ex-Chef Aufträge. 145
Der Kaffee war heiß! 146
Die größte Freude: unsere beiden Kinder 147
Hundeliebe und Hundesport 147
Ich fühlte mich einfach wohl. 149
Das Zeichenbüro in Flammen 150
Es blieb nichts mehr übrig außer den Schulden auf der Bank. 150
Es kam noch schlimmer: Ein Unglück kommt selten allein. 151
Nun war alles aus, endgültig vorbei. 152
Einige wenige haben, ohne lange zu fragen, Hand angelegt. 152
Ich habe eine wunderbare Frau. 153
Ich musste sofort wieder Fuß fassen.
Das Einzige, was ich hatte, war ein starker Wille. 153
Drhuam isch Wirklichkeit. 155

Vorwort

Dieses Buch möchte ich all meinen Leserinnen und Lesern und ganz speziell meiner Familie als einen treuen Begleiter vorstellen. Anhand von wahren Begebenheiten erzählt es von Entbehrungen, familiären Enttäuschungen, persönlichen Erfolgen und Misserfolgen, Hoffnungen und Freuden des menschlichen Zusammenlebens auf der Suche nach einem Zuhause, einem Daheim, auf der Suche nach Familie, Geborgenheit und Verständnis – eben meine Geschichte.

In meinem Leben musste ich oft einen Umweg machen und konnte nicht den „geraden" und „ordentlichen" Weg gehen. Ich habe dabei erfahren, dass man, auch wenn man nicht schnurstracks auf ein Ziel zuläuft, sondern Seitenwege in Kauf nimmt, aber dennoch fest an sich glaubt, sein Ziel ebenfalls erreichen und viel Schönes entdecken und erleben kann.

Das Buch soll auch ein geschichtlicher Streifzug sein durch ereignisreiche Jahrzehnte – von den schwierigen Jahren der Nachkriegszeit, über die arbeitsreiche Zeit des Wirtschaftsaufschwungs bis ins heutige Technologiezeitalter von i-Phone und Facebook. Nur durch Geschichten wird Geschichte lebendig. Die geschilderten Ereignisse und Begebenheiten meines Lebens sollen einen Einblick in vergangene Zeiten gewähren, Verständnis fördern und vielleicht auch den einen oder anderen Ratschlag weitergeben.

Widmen möchte ich dieses Buch meiner Familie, vor allem meinen Enkelkindern. Ihnen möge dieses Buch eine Hilfe sein, bestimmte Situationen des Lebens zu meistern; es soll gerade den Jüngeren gegenüber aufzeigen, dass Ausdauer und Durchhaltevermögen stets ans Ziel führen.

Meine Eltern (1947)

Einleitung

Mit meinem Hund Lauser sitze ich hier am Gipfel der Lavandspitz. Es ist schön, allein zu sein für eine Weile, Zeit zu haben zum Rasten und dabei ein Stück Speck mit hartem Brot zu verzehren. Es ist immer wieder ein Erlebnis für mich, hier oben zu sitzen, auf der großen Steinplatte, und hinauszusehen in diese atemberaubende Gebirgslandschaft.

Mächtig und stolz ragen sie empor, die Dreitausender der Texelgruppe, und lassen den weit höheren Ortler in der Ferne klein aussehen. Links die Brenta-Gruppe und noch weiter die mächtigen Dolomitengipfel, die es mit ihren hellen und kompakten Felswänden immer wieder aufs Neue schaffen, mich schwer zu beeindrucken.

Mein Blick schweift hinunter ins Tal zu meinem Heimatort, nach St. Georgen, weiter ins Passeiertal nach Riffian und sogar bis tief in den Vinschgau hinein. Satte Wiesen, fruchtbare Felder und Weingärten, dichte Wälder und breite Täler ... Südtirol ist schon ein wunderschönes Fleckchen Erde. Ich wohne sehr gerne in diesem Land mit all seinen Naturschönheiten, und wenn ich mich in ihren Anblick vertiefe, fällt es mir gleich leichter, an einen Gott zu glauben, der alles das geschaffen haben mag. Die Welt von oben betrachtet schaut gleich ganz anders aus. Es ist, als würde man eine Ameise aus ihrem Haufen herauspicken und sie unter der Lupe betrachten, um zu sehen, wie winzig klein und scheinbar unwichtig ihre weiter entfernten Artgenossen in diesem Moment erscheinen.

Unweigerlich verknüpfen sich in mir Naturerlebnis und Nostalgie. Erinnerungen werden hier deutlicher wach als anderswo. Es gibt daher wohl keinen besseren Ort als den Gipfel der Lavandspitz, um mich an die Vergangenheit zu erinnern und um all die Stationen meines bisherigen Lebens wie von oben einzusehen. Hier finde ich die nötige Ruhe in mir und hier rufe ich mir –, wenn auch nicht bis ins kleinste Detail – mein ereignisreiches Leben am liebsten in Erinnerung:

Kapitel 1

Ein Zuhause kannte ich nicht.

Ein Zuhause im herkömmlichen Sinn kannte ich als Kind nicht. Vom Jahr meiner Geburt – 1947 in Meran – bis zu meinem zwölften Lebensjahr zogen meine Eltern, meine Brüder und ich insgesamt sieben Mal um, die vielen Almauf- und -abtriebe gar nicht eingerechnet. Ein Zuhause – nein, das hatte ich nicht.

Mein Vater, der Pixner Karl, geb. 1916, und meine Mutter, die *Zunneler Burgl*, geborene Pföstl, geb. 1924, waren im Sommer des Jahres 1950 als Senner auf dem Ochsenboden. Der Ochsenboden ist ein Almgebiet oberhalb des Gsteirer Hofes gegen das Naifjoch, unterhalb der Ifingerspitze, hin.

St. Georgen 1950

Alljährlich in den ersten Juniwochen brachten die *Schenner Bauern* ihr Vieh auf die Almen, wo es den Sommer über weiden konnte. Der Almsommer, den Mensch und Vieh nach dem langen Winter gleichermaßen sehnsüchtig erwarteten, begann.

Mein Vater hatte damals zusammen mit meiner Mutter den Ochsenboden gepachtet. Er war für die Bewirtschaftung der Alm zuständig und musste das Vieh auf die Weide treiben. Das Wichtigste für jeden Hirten – und auch für meinen Vater – war es, auf die Herde aufzupassen und im Herbst alle Tiere wieder unverletzt ihren Besitzern übergeben zu können. Das Hüten der Tiere war dabei häufig Aufgabe der Kinder. Ich war 1950 erst drei Jahre alt und für meine Eltern wohl vor allem eine Belastung, doch die Zeit, in der ich mich selbst als Almhirte nützlich machen konnte, sollte auch für mich noch kommen.

Die Behausung, in der wir wohnten, war sehr primitiv; sie war aus Holz und Stein gebaut und mit Brettern bedeckt. In der warmen Jahreszeit reichte die Hütte aus, um sich vor Regen und Wind zu schützen, mehr aber auch nicht. Im Juli 1950 brannte sie vollständig ab und wurde später an anderer Stelle neu aufgebaut. Beim Brand zog sich meine Mutter schwere Verbrennungen an den Händen und den Armen zu.

In Schenna wohnten wir im Tschöggele-Häusl in St. Georgen. Ich war noch sehr klein und viel ist mir aus jenen Jahren nicht mehr in Erinnerung geblieben. Nur an eine Episode kann ich mich noch ganz genau entsinnen: Meine Großmutter, die *Pixner-Mueter*, die zu dieser Zeit in Verdins, einer Fraktion von Schenna, wohnte, sollte auf mich aufpassen. Ich war zwar erst vier Jahre alt, aber laufen konnte ich bereits wie ein Wiesel. So kam es dann, dass die

Unser Zuhause: das Tschöggele-Häusl in St. Georgen

arme *Pixner-Mueter* mir ständig hinterher rennen musste. Das gefiel ihr gar nicht und außerdem plagte sie die ständige Angst, ich könnte in die nahegelegene „*Rease* (kleiner Teich) hineinfallen. Also packte sie mich, nahm ein Seil und band mich kurzerhand an einem Zaunpfahl fest;, so wie man eben einen *Goasbock* (Ziegenbock) üblicherweise anband. Sie muss darin einige Erfahrung gehabt haben, denn jeder Handgriff hat gesessen und die Knoten waren fest verschnürt. Für meine Großmutter war jetzt erst einmal Ruhe; sie wusste sich wohl keinen besseren Rat.

Ich konnte und wollte mich mit dieser Situation nicht abfinden und versuchte mit allen Mitteln, mich loszureißen. Je mehr ich aber zog und mich wehrte, umso enger schnürte sich das Seil um mich, doch aufgeben – nein, das war schon damals nicht das Meinige. Irgendwann merkten unsere Nachbarn, die Leute vom Moserhof, in welch prekären Lage ich mich befand. Sie liefen schnell zur *Pixner-Mueter* und baten sie, mich zu befreien, andernfalls bestünde die Ge-

St. Georgen (1947)

fahr, dass sich ihr Enkel erhängen könnte. Das Verhältnis zu meiner Oma stand von nun an unter keinem guten Stern mehr.

Das Dorfbild von Schenna (1950)

In der Mitte des 20. Jahrhunderts kam es bei der Landbevölkerung in Südtirol zu einem grundlegenden Wandel. Die Mechanisierung der bäuerlichen Arbeit und der damit einhergehende allgemeine Abbau der Arbeitskräfte am Hof machten ein völliges Umdenken der Bauern erforderlich. Man nahm Abschied vom jahrhundertealten Prinzip der bäuerlichen Selbstversorgung und begann sich auf ein oder einige wenige Produkte zu spezialisieren. Diese Jahre brachten den Aufstieg zweier Wirtschaftszweige mit sich, welche die Entwicklung des Dorfes Schenna in den folgenden Jahrzehnten entscheidend prägen sollten: Obstanbau und Fremdenverkehr.

Der Bauernhof als Wirtschaftseinheit, in der alles zum Leben Notwendige weitestgehend selbst hergestellt wurde, verschwand, und die zunehmende Landflucht veränderte die dörfliche Gemeinschaft nachhaltig. Davon waren auch meine Eltern betroffen. Es wurde immer schwieriger, eine dreiköpfige Familie durchzubringen und so übersiedelten wir 1952 ins Passeiertal auf den Gander-Hof (oberhalb von Saltaus). Wir waren nur ein Jahr dort; es fiel meinem Vater offensichtlich schwer sesshaft zu werden. Meine schönste Erinnerung an diese Zeit *„auf der Gonde"* ist die Geburt meines Bruders Florian.

Im Jahr 1953 übersiedelten wir nach Morter (Gemeinde Latsch) im Vinschgau. Im Zentrum des Dorfes hatte mein Vater ein *Grüzzl* (einen kleinen Hof) gepachtet. Es handelte sich um eine armselige Behausung. Ich war gerade einmal sechs Jahre alt und machte mir keine besonderen Gedanken, wieso wir schon wieder umgezogen waren. Der Vater hatte das so entschieden und dann war das „halt so". Es war die Welt der Erwachsenen, in der Entscheidungen getroffen und Geschäfte gemacht wurden. Widersprochen wurde jedenfalls nicht. Wir Kinder haben das akzeptiert und hatten volles Vertrauen in diese Welt und natürlich in unsere Eltern.

Mein Bruder Florian und ich (1954)

Erinnern kann ich mich in dieser Zeit an eine für mich und meinen Vater nicht unbedingt schmerzfreie Begebenheit: Aus Mobilitätsgründen kaufte sich mein Vater sein erstes Fahrrad. Er war mächtig stolz auf seinen Drahtesel und konnte sich jetzt viel Zeit ersparen, wenn er in ein benachbartes Dorf musste.

Eines Tages nahm er mich auf seinem Fahrrad mit. Er setzte mich vorne quer auf die Stange und sagte, ich dürfe heute mit ihm nach Schlanders fahren. Das war der schönste Tag in meinem bisherigen Leben. Der Fahrtwind blies mir ins Gesicht und ich fühlte mich frei wie ein Vogel. Ich streckte die Füße aus, sogar einen Arm riss ich in die Höhe. Doch dann verlor ich plötzlich das Gleichgewicht und kam mit einem Bein in die Speichen des Vorderrades. Mit einem gewaltigen Überschlag landeten wir im Straßengraben. Das Resultat: Vater hatte einen gebrochenen Arm und ich eine durchbissene Oberlippe. Für kurze Zeit mussten wir beide im Spital von Schlanders bleiben. Dieses Gefühl absoluten Glücks, das durch eine plötzliche Wendung ins komplette Gegenteil umschlug, sollte mich wie ein roter Faden durch mein ganzes Leben begleiten.

Noch im selben Jahr übersiedelten wir nach Staben im Vinschgau, ins Taufbauernhüttl. Dort wurde 1954 mein Bruder Sepp geboren.

Es war eine sehr harte Zeit. Wir hatten kaum etwas zu essen und ich musste täglich mit ansehen, wie unsere Verwandten vom Oberbrunner-Hof, auch „*Tschåuln*“ genannt,), für unsere Verhältnisse in Saus und Braus lebten.

Meine Urgroßeltern väterlicherseits stammten aus Tabland Sie hatten dort einen kleinen Hof, der dem großen Dorfbrand im Mai 1899 zum Opfer fiel. Sie verloren dabei ihr gesamtes Hab und Gut.
Es gelang ihnen in der Folge, sich mit Mühe wieder etwas aufzubauen. Finanziell war das nur möglich, weil meine Urgroßmutter eine tüchtige Geschäftsfrau war. Sie hat mit Butter, Eiern und Marillen „gegrompt“ (gehandelt). Sie kaufte die Marillen oft schon bei der Blüte für eine Pauschale ein und trug somit das gesamte Risiko im Zusammnehang mit Frost und Hagel. Die Früchte wurden mit einem kleinen Ziehwagen zum Bahnhof und von dort, mit der „Litarine“(dem

Das Taufbauernhäusl

Meine Urgroßeltern (1890)

Zug) nach Meran gebracht und dort an die verschiedenen Hotels verkauft. Mit dem dabei erzielten Gewinn war es meinen Urgroßeltern schlussendlich sogar möglich, einen größeren Hof zu kaufen. So wurden sie Besitzer des Oberbrunner-Hofes in Staben. Noch heute wohnen dort Verwandte von uns.
Aus der Ehe meiner Urgroßeltern gingen drei Kinder hervor: Anna (meine Großmutter), der Hans und die Lina (die Hoferbin).
Zu dieser Zeit wurde im Vinschgau der Marteller Stausee gebaut. Immer wieder in der Vergangenheit war es zu großen Überschwemmungen gekommen. Die Gletscherzungen bildeten wiederholt natürliche Dämme, die dann im Juni bei der großen Schneeschmelze brachen.

Nach Vermessungen und Planungsarbeiten in den 40er Jahren wurde der Stausee in den Jahren 1954 und 1955 erbaut. Er sollte nicht nur Schutz bieten für die Marteller Bauern, sondern wurde, wie so manch anderer Stausee in Südtirol, in erster Linie zur Stromerzeugung gebaut. Insgesamt arbeiteten 1000 Arbeiter am Marteller Stausee, vorwiegend Italiener aus Venetien, dem Friaul, der Lombardei, aber auch aus den Abruzzen und Kalabrien. Die Arbeitszeit betrug 8 Stunden täglich, an sechs Wochentagen, oft wurden auch sieben daraus, denn Gewerkschaften, wie im übrigen Italien, gab es im Vinschgau nicht. Man arbeitete, um Geld zu verdienen, und je länger man arbeitete, desto mehr war schließlich in der Lohntüte. Für viele Vinschger war der Stauseebau eine gute Gelegenheit, Arbeit zu bekommen.

Das war auch bei meinem Vater so, allerdings nur für kürzere Zeit, denn das Arbeiten bei einer Firma war nicht unbedingt eine seiner Stärken.

Marteller Stausee (1954)

In der Zwischenzeit besuchte ich die erste und zweite Klasse der Grundschule in Staben. Die Zeit in der Volksschule war für mich die schönste Zeit. Ich wusste mich gut aufgehoben, war ein guter Schüler, wurde beachtet und in mir kam zum ersten Mal ein Gefühl des Daheimseins auf, ja ich hatte ein Zuhause.

Diese, wie gesagt, schöne Zeit in meinem erst kurzen Leben, endete mit Schulende der 2. Klasse im Frühjahr 1955. Ich sollte, wie man mir erklärte, für einen Tag zum Locher nach Schenna gebracht werden. Meine Eltern brachten auch Florian und den erst wenige Monate alten Seppl nach Schenna, und zwar

Staben (1930)

zum Elternhaus meiner Mutter, zum Zunneler-Hof. Mit der Bitte, man möge doch ein paar Stunden auf uns aufpassen, verabschiedete man sich und erklärte, eine wichtige Erledigung in Bozen machen zu müssen. Am Abend würden sie beide wieder zurück sein.

Mein Vater und meine Mutter verschwanden jedoch kurzerhand über die Grenze in die Schweiz; in Davos traten sie den Dienst bei einem Bauern an.

Wir Kinder warteten am Abend vergeblich auf unsere Eltern.
Irgendwie hatten es meine Eltern so organisiert, dass unsere wenigen Habseligkeiten, in zwei Kartons verpackt, in Schenna landeten, wo sie zum Locher und zum Zunneler gebracht wurden. Beim Hilburger (bei der Schwester meiner Mutter) war man bereit, sich des kleinen Seppl anzunehmen und somit waren wir, auf unbestimmte Zeit, in Schenna abgegeben – auf drei Höfe verteilt.

Es wurde erst nach einiger Zeit bekannt, dass sich unsere Eltern auf unbestimmte Zeit abgesetzt hatten. Schlimm waren die Bemerkungen der Erwachsenen über unsere Eltern. Man muss sich das folgendermaßen vorstellen: In

Mein neues Zuhause: der Locherhof

Locherhof (1950)

einem Dorf wie Schenna, mit damals zweitausend Einwohnern und einer sehr stark kirchlich orientierten ländlichen Brauchtumskultur, spielte sich alles in geordneten Bahnen ab. Man wusste, wann man aufzustehen hatte, mit welcher Arbeit man wo und wann beginnen musste (*fiatern*, *melchn*, *ausmischtn* usw.), wann die Mahlzeiten eingenommen wurden (*vormessn*, *holbmittogn*, *mittogn*, *marendn* und *nochtmoln*), wann und wie oft man die Heilige Messe zu besuchen hatte (*Friamess*, *Rechtkirchn*, *Undocht* und *Obndmess*), an welchen Tagen man den Hausputz erledigte, wann Brot gebacken wurde, zu welchen Festtagen es welches Essen gab, ja sogar an welchen Tagen man welche Verwandten besuchte. Der kleinste Ausreißer aus dieser seit Jahrhunderten bestehenden bäuerlichen Tradition war Anlass, das Geschehene mit allerlei Zusätzen und eigenen Interpretationen zu bereichern und die Nachricht wie ein Lauffeuer über das gesamte Dorf zu verbreiten. Es ist nicht schwer, sich vorzustellen, wie schnell im Dorf alle über uns Bescheid wussten.

Es wurde über nichts anderes mehr geredet, es war *das* Dorfgespräch: Kinder im Alter von nicht einmal einem Jahr, von zwei und sieben Jahren auf diese Art und Weise einfach abzuschieben! Ich konnte das alles mit meinen jungen Jah-

Die Locherleit

ren nur schwer verarbeiten, waren es doch meine eigene Mutter und mein eigener Vater, über die alle „herzogen“ und schimpften. Andererseits konnte ich mir einfach keinen Reim darauf machen, wieso sich unsere Eltern entschieden hatten, uns – ihre eigenen Kinder – ohne ein Wort alleine zurückzulassen. Mit anderen Worten, die Welt der Erwachsenen, von der ich glaubte, es sei alles geregelt und streng durchdacht, begann zu bröckeln und in sich zusammenzufallen. Mir wurde immer deutlicher, dass ich ab jetzt auf mich allein gestellt sein würde und redete mir immer wieder ein: „Anderle, des pock'sch du“.

Des Öfteren, wenn ich gar nicht mehr weiterwusste und mir so richtig „derweilong“ war nach meinen Eltern, bin ich zum Locher-Kreuz hinunter und habe mich dort einfach hingesetzt. Es war ein Ort, an dem ich mich wohlfühlte. Ich verweilte dort nie lange und trotzdem halfen mir diese kurzen Aufenthalte an einem mir vertrauten und Geborgenheit schenkenden Ort, meine Ängste und Sorgen abzubauen – ich möchte fast sagen, dass das Locherkreuz der Kraftort war, an dem ich seelisch auftanken konnte. Es war nach diesen Besuchen immer so, als hätte ich all meinen seelischen Ballast dort abgeladen. Und wenn ich mich auch nicht unbedingt von allen Lasten befreit fühlte, ging es mir danach doch zumindest stets besser als zuvor.

Anfangs waren mir einige kleine Erfolge gegönnt, die mich hoffen ließen. Unterm Ackerweg in Richtung St. Georgen besaß der Locher einige große Kastanienbäume, eigentlich einen ganzen Kastanienhain. Eine der mir zugedachten Arbeiten war das „*Köschtn-Aufklauben*“. In der ersten Zeit und vor allem, so lange noch Kastanien am Boden zu finden waren, machte mir die Arbeit auch richtig Spaß. Irgendwann im Spätherbst waren aber alle aufgehoben.

Als ich eines Nachmittags nach Hause kam, traute ich meinen Augen und Ohren nicht, als mir die Lisl das Milch-*Kandele* (eine Aluminiumkanne mit ungefähr fünf Litern Fassungsvermögen) entgegenstreckte, mit dem Auftrag, es randvoll mit Kastanien zu füllen. Mein erster Gedanke war: „*Woher nemmen und nit stehlen?*“. Ich versuchte, ihr verständlich zu machen, dass wirklich keine Kastanien mehr zu finden waren, doch das mit dem Widerspruch gegenüber Erwachsenen haben wir ja bereits erörtert. Ich durfte erst wieder nach Hause kommen, sobald die Kanne bis an den Rand voll mit Kastanien war. So nahm ich das Kandele und ging los. Schließlich setzte ich mich auf einen umgestürzten Baum und überlegte.

Es war wieder einmal eine jener Situationen, in denen man nur verlieren kann. Doch aufgeben, wie gesagt, kam für mich nicht in Frage. Ich begann, Laub zu sammeln und füllte damit die Milchkanne. Bei der Gelegenheit fand ich auch noch eine Handvoll Kastanien, die ich ganz oben drauflegte. Die Kanne war also voll und somit der Fall für mich erledigt oder zumindest fast erledigt.

Da eine zu rasche Rückkehr verdächtig wirken musste, nahm ich mir noch einige Zeit, indem ich ein Lied vor mich hinsang und zwei Eichkätzchen dabei beobachtete, wie sie eifrig Kastanien versteckten und einander nachliefen. Als es dann finster wurde, machte ich mich auf den Heimweg, gab noch schnell einen Stein dazu, damit auch das Gewicht passte, und präsentierte mein Ernteergebnis. Die Lisl nahm die vermeintlich mit Kastanien vollgefüllte Milchkanne in Empfang und bemerkte trocken: „*Siggsch, i hons gwißt, oft bisch a gonz a williger Bua.*“ Ich nahm das als überschwängliches Lob entgegen und machte ihr gleich den Vorschlag, die Kastanien auf den Dachboden zu tragen und sie dort neben den anderen auszubreiten. Den Stein und das Laub konnte ich dabei diskret verschwinden lassen und so war der Tag gerettet, mit wenig Anstrengung und sogar ein Lob hatte ich mir eingefahren.

Doch bald schon holte mich die rauhe Realität wieder ein, denn die negative Haltung der Dorfbevölkerung uns gegenüber ging auch auf deren Kinder über, und so zeigten diese schon von weitem mit dem Finger auf mich: *„Dös isch der Bua ven Pixner Korl, de jo derfungrennt sein.“* Zu alldem hatte man es auch noch versäumt, mich für den Herbst in die Volksschule von Schenna einzuschreiben. So konnte ich erst ab Mitte November 1955 die dritte Klasse besuchen, wo der Spott und Hohn meiner Mitschüler teilweise kaum zu ertragen war. Ich war es gewohnt, immer fest mit anzupacken, und war daher meinen Altersgenossen an Kraft und Ausdauer meist überlegen. Das war ein Glück für mich, denn es kam immer mal wieder dazu, dass Streitigkeiten handgreiflich ausgetragen wurden. Wobei wir auch schon beim zweiten Begriff wären, der mein Leben in den ersten Jahren prägte: Schläge – Schläge beziehen und Schläge austeilen. Wir werden später noch darauf zurückkommen.

Ich hörte mit einem Mal auf, Kind zu sein, und war von nun an nur noch eine Arbeitskraft. Das war für die damalige Zeit nichts Ungewöhnliches. Sobald man einigermaßen zur Arbeit taugte, veränderte sich das Verhältnis zwischen

Die alte Locherstube (existiert schon lange nicht mehr)

Eltern und Kindern. Die Tonart wurde rauher, es gab kein „Oh, braves Bubele“ mehr und ein fehlerhaftes bzw. unzureichendes Arbeitsergebnis wurde ohne viel Aufhebens mit Prügeln und Schlägen bestraft.

Man war hart mit den eigenen Kindern und noch eine Spur härter mit nicht eigenen Kindern.
Man wurde regelrecht zur Arbeit erzogen: Tägliche Stallarbeit, tatkräftiges Mitwirken bei der Erntearbeit, *Köschtn* aufklauben, Holz tragen, Reiser sammeln usw. ließen keine Faulheit aufkommen. Doch neben all der Anstrengung und Mühe war immer auch Platz für Lustiges und manch heitere Geschichten:

Der Spritzbonzen und die Stadelbrücke

Der Nachbar vom Locher war der Florer, der „*Wilde Florer*“, ein sehr lauter und immer schreiender Mensch. Auch beim Florer hatte man sich auf den Obstbau umgestellt und einen Spritzpanzen auf Gummirädern und einen Condormotor für die Troyerpumpe gekauft – eine für damalige Verhältnisse große Investition. Verliehen wurde der Spritzwagen nur zusammen mit dem Besitzer, d.h. der alte Florer musste immer dabei sein. Als sich eines Tages die Locherbuben Luis und *Tunig* die Spritzmaschine ausgeliehen hatten, war er natürlich wie immer mit dabei und saß vorne oben auf dem Gerät, von wo aus er alles wie ein König von seinem Thron beobachten konnte. Doch plötzlich, ich traute meinen Augen kaum, sah ich den Alten eingeklemmt zwischen Spritzpanzen und der Stadelbrücke. Die Buben waren unter der Stadelbrücke durchgefahren und da hatte wohl keiner

Der Florerhof

aufgepasst, denn der alte Florer wurde zwischen Stadelbrücke und Spritzpanzen eingeklemmt. Nach vorne ging nun nichts mehr und zurück sowieso nicht. Die Locherbrüder konnten sich vor Lachen kaum mehr auf den Beinen halten. Für mich war das Ganze lustig und dramatisch zugleich, denn ich wusste, was jetzt folgen würde. Und so war es auch: Als sich der alte Florer schließlich befreien konnte, schrie und schimpfte er so laut, dass man im Dorf (also in ungefähr anderthalb Kilometern Entfernung) noch jedes einzelne Wort verstehen konnte.

Und da gab es noch eine gern erzählte Geschichte mit dem „*Wilden Florer*". Er hatte eine Tochter, die „*Moide*", auch sie von durchaus rustikaler Natur. Die zwei hatten des Öfteren ziemlich laute, manchmal sogar handgreifliche Auseinandersetzungen. So passierte es einmal, als die *Moide* gerade dabei war, vor dem Haus die Muspfanne zu spülen, dass sich zwischen Vater und Tochter wieder ein lauter Wortwechsel entfachte. Die *Moide* muss sich dabei dermaßen geärgert haben, dass sie ihrem Vater die Muspfanne kurzerhand mit voller Wucht auf seinen *Grint* (Kopf) schmetterte. Die Pfanne war dabei offensichtlich weniger bruchfest als der Florer-Schädel, denn sie war es, die in der Mitte durchbrach; der *Wilde Florer* stand jedenfalls plötzlich mit einer eisernen Halskrause da. Da half ihm dann auch kein Geschrei, er musste schließlich zum Nachbarn gehen, der ihn mit einer Blechschere aus seiner misslichen Lage befreien konnte. Die Schadenfreude war natürlich allgemein groß.

Auch ich habe so manches Mal, zusammen mit einem *Buabn* aus der Nachbarschaft, dem Florer Steff, er war übrigens gleich alt wie ich, die *Moide* in Fahrt gebracht. Mitunter konnte das aber auch weniger lustig enden, nämlich dann, wenn uns der alte Locher dabei erwischte. Dann packte er mich, hob mich zu ihm hoch und fauchte mir ins Gesicht: „*Teifl, du bisch nit lei zen Fressn do!*", was nichts anderes bedeutete, als dass ich mich so schnell wie möglich wieder an die Arbeit machen sollte, die mir aufgetragen worden war. Dies war so seine Art: Er war grob, eigentlich sogar sehr grob, aber ab und zu hatte er auch ein gutes Wort für mich.

Dorfbild (50er Jahre)

Ich erinnere mich an einen heißen Frühlingstag. Da brachte der Alfreider Bauer junge Schweine beim Locherhof vorbei, um sie auf den Markt zu bringen. Es war sehr heiß und die Schweine waren bis dahin immer nur im Stall gewesen und die Hitze nicht gewohnt. Sie konnten kaum mehr laufen und taten mir leid. Und schließlich kam es dann auch, dass der Alfreider nur bis zur Gurter-Wiese kam, die Schweine dort im Schatten liegen blieben und er ins Dorf musste, um schleunigst ein Fahrzeug zu ihrem Abtransport zu organisieren. Ich beobachtete sie einige Zeit und dachte mir, ich passe auf, dass keines davonläuft, doch die Schweine waren so erschöpft, dass sie nicht einmal ein Hund hätte aufschrecken können. Plötzlich kam eine Gruppe *Dorfener Buabm* vorbei. Sie bemerkten die hilflosen Tiere und einer von ihnen nutzte die Situation, trat die jungen Ferkel mit seinen Schuhen und wollte den anderen damit wohl zeigen, wie mutig und stark er sei. Da trat der alte Locher neben mich, er hatte die Burschen mit seinem bloßen Erscheinen vertrieben, und sagte zu mir: „Merke dir eines, wer einem Wehrlosen etwas tut, ist kein guter Mensch, dem traue nie übern Weg.“

Es war das erste Mal, dass mir jemand einen Ratschlag für mein Leben gab. Ich musste ja fast glauben, der alte Locher bemühte sich, aus mir einen „guten" Menschen zu machen. Eines aber habe ich dabei gelernt: Die „Alten" waren zwar laut, hart und teilten viel Prügel aus, sie waren jedoch immer hilfsbereit und voller Mitleid für Menschen, denen es noch schlechter ging. Der Bub, der die wehrlosen Schweine mit seinen Schuhen getreten hatte, brachte es im späteren Leben jedenfalls zu nichts.

In den Weihnachtsferien musste ich mit Luis und *Tunig* in den Wald. Hinter Gsteier in Richtung Ochsenboden hatte der Locher nämlich Rundholz zum Transport übernommen. Mit Ross und *Gummiprotzen* ging es ganz in der Früh, als es noch stockfinster war, los. Erst als wir bei Alfreid waren, hellte es allmählich auf. Es war sehr kalt und noch dazu ein über die Maßen langer Weg. Hinter Gsteier wurden dann endlich die schweren Baumstämme aufgeladen. Meine Aufgabe war es, das Ross zu führen, und durch die engen Kurven war das, weiß Gott, nicht einfach. Nachdem wir unsere Fracht abgeladen hatten, aßen wir in der Naif zu Mittag, und das natürlich im Freien. Die Lisl hatte uns das Essen in zwei *Kandelen* vom Locherhof gebracht. Anschließend hieß es zur zweiten Fuhre aufbrechen – den ganzen Weg noch einmal! Nach Hause kamen wir ziemlich spät, es war schon lange dunkel und zudem bitterkalt. Und am nächsten Tag stand dasselbe noch einmal auf dem Programm, und zwar mit denselben Hosen und Schuhen, die man in der Nacht auf den Ofen zum Trocknen gegeben hatte. Meistens wurden sie in solchen Fällen bis zum nächsten frühen Morgen nicht trocken und trotzdem musste alles gleich wieder angezogen werden; eine größere Garderobe besaß man halt nicht.

Das Frühjahr kam und Anfang Mai war es meine Aufgabe, das Galtvieh auf die Weide zu treiben, immer morgens um sechs. Vom Locherhof aus musste ich dann zur Schule, wo ich auch so manches Mal zu spät eintraf. Die Mitschüler nannten mich dann einen Siebenschläfer, was ich mir nicht gefallen lassen wollte, und somit war die nächste Prügelei schon wieder vorprogrammiert.

Ja, der Locher war eine echte Persönlichkeit.

Der Locher war ein echtes Schenner Original. Er hat immer viel erzählt und besonders gerne berichtete er von seinen Kriegserlebnissen. Da kam er oft so richtig in Fahrt und pfiff in der Aufregung so manche Silbe seitlich aus seinem Mundwinkel, spuckte des Öfteren auf den Boden und lachte lauthals über seine eigenen Geschichten, die fast alle wahr waren …

An eine kann ich mich noch gut erinnern, an die Kriegsgeschichte von seinem Hauptmann und dem Schimmel, einem wunderschönen Hengst, der nicht zu zähmen war. Einige der Soldaten hatte er schon verletzt. Keiner wollte zu diesem Ross und so befahl der Hauptmann: „*Gögele, du bisch dr uanzige der woaß, wia man sou a Ross drbändigt!*" Da hieß es gehorchen. Das Pferd biss nach ihm und schlug mit den Vorderläufen aus. Ein regelrechter Kampf entwickelte sich, aus dem am Ende der alte Locher als Sieger hervorging: „*Den Teifl war i's gwesn, der hot schunn gmiaßt nochgebn, des Sauviech.*" Der Schimmel war gezähmt, aber trotzdem ließ er keinen anderen an sich heran, und so beschloss der Hauptmann am Ende des Krieges, ihn dem Locher zu schenken. Wie gerne hätte er dieses Geschenk angenommen, doch es war unmöglich, das Tier nachhause zu transportieren. „*I hon ihn nit nemmen gekennt, weil er in Zugwogen nit innigongen isch, vor lauter groaß, dös wor a Viech*

Personen von links: Locher Toni, unbekannt, Rainer Sepp, Leiterbauern-Sepp, Locher Lisl, Locher Luis der kleine Mann bin ich

wia an Elefont“, schloss der Locher die Geschichte und spuckte dabei gekonnt nach jedem Satz auf den Boden.

Der Locher hatte insgesamt fünf Kinder: drei Mädchen und zwei Buben. Die Älteste, Anna, war schon mit dem Katele-Hans verheiratet und hatte zwei Kinder. Die Mena war Köchin und nur selten daheim. Für mich war sie wie eine Mutter, wohl deshalb, weil sie – so glaube ich zumindest – meine Lage einigermaßen erkannt hatte und sich deshalb in meine Situation hineinfühlen konnte. Dann war da noch die Lisl, die in der Zeit, da ich beim Locher war, den Leiterbauern Sepp heiratete: Hochzeitsmahl war in der Locherstube, als Hochzeitsauto diente ein Topolino.

Familienfoto (bevor wir in die Schweiz fuhren)

Der Luis hatte nur eine Hand, denn als Sechzehnjähriger hatte er die andere bei einem Unfall verloren: Mehrere Jugendliche hatten mit Schwarzpulver herumhantiert und dabei hatte es ihm die linke Hand zerfetzt. Der *Tunig* war der jüngste und zur Zeit, als ich beim Locher lebte, 16 Jahre alt.

Eines schönen Tages tauchten meine Eltern auf einmal wieder auf.

Eines schönen Tages, Ende Juni 1956, tauchten meine Eltern plötzlich wieder auf. Sie nahmen mich und meinen Bruder Florian kurzerhand mit in die Schweiz, Seppl hingegen blieb beim Hilburgerhof zurück. Wir hofften, es nun in der Schweiz viel besser zu haben, und außerdem glaubten wir zunächst, dass wir endlich wieder bei unseren Eltern sein würden. Beim Bauern, für den auch meine Eltern arbeiteten, bekam ich gleich eine Arbeit zugeteilt, und zwar auf seiner Alm: Ich hatte zwanzig Stück Milchkühe zu hüten.

Von wegen „bei meinen Eltern sein“ – ich habe sie nur bei der Heuernte auf der Alm gesehen, die ungefähr zwei Wochen dauerte. Das einzig Gute an meiner damaligen Tätigkeit als Hirte war, dass ich eine nagelneue Uhr bekam, damit ich meine Kühe pünktlich am Abend heimbringen konnte. In der Früh musste ich um sieben Uhr fertig sein und der alte Bauer, der auf der Alm war, erklärte mir dann, wo ich das Vieh hinzutreiben hatte. Im Hochsommer war es ein Marsch von ca. zwei Stunden und das Ganze – wohlgemerkt – jeden Tag. Trotz meiner jungen Jahre wurden mir nicht nur weite Wege, sondern auch große Verantwortung auferlegt.

Florian, Mutter, Vater und ich

... weite Wege und auch große Verantwortung wurden mir auferlegt.

Man hatte in meinem neuen Umfeld wenig bis gar kein Verständnis für Kinder. Ich möchte sogar behaupten, dass in der Schweiz diesbezüglich noch die härtere Gangart als zuvor bei uns in Schenna herrschte.

Knallhart musste ich nach Schweizer Präzision meine Arbeit durchführen. In dieser Zeit habe ich aber auch gelernt, die Natur wahrzunehmen und bewusst zu erleben. Verschiedenste Tiere – Rehe, Hirsche und sogar ein Fuchs – waren dabei manchmal meine Begleiter.

Auch bei heftigen Gewittern musste ich mein Vieh zusammenhalten, denn bei Schauern suchte gerne ist die eine oder andere Kuh das Weite. Am Abend, pünktlich um sechs, mussten aber alle – komme, was da wolle – wieder im Stall sein.

... man hatte mich integriert, und das tat ungeheuer gut.

Im Herbst kam ich in der Schweiz sogar in die Volksschule, eine Dorfschule mit zwanzig Kindern. Ich fühlte mich an meiner neuen Schule sehr wohl und erinnere mich bis heute daran, wie wir zu Weihnachten ein Krippen-Theater aufführten, bei dem ich sogar mitwirken durfte. Man hatte mich integriert, und das tat ungeheuer gut.

Meine Lieblingskuh

Doch wie schon so manches Mal zuvor (und leider auch danach), wurde eine schöne Zeit in meinem Leben abrupt abgebrochen. Im Winter 1957, den genauen Monat weiß ich nicht mehr, reisten wir plötzlich und unerwartet ab. Mit dem Zug ging es wieder Richtung Südtirol, zu unserem neuen Zuhause im Fineletal am Eingang des Passeiertals.

Dieses Zuhause ist mit wenigen Worten zu beschreiben: eine Wohnung im ersten Stock, das Klo, welches mit einer weiteren Partei geteilt werden musste, draußen am Balkon. Mehr möchte ich dazu gar nicht erzählen.

Zur Schule ging ich nach Kuens. Die ständigen Schulwechsel mitten unterm Jahr machten mir schwer zu schaffen. Die Mitschüler waren außerdem sehr gemein und es wurde fast schon gewohnheitsmäßig gerauft und zusammengeschlagen.

Eine blutige Nase war da nichts Besonderes.

In diesem Jahr wurde mein Bruder Veit geboren. Ich kann mich noch genau an das Festessen anlässlich seiner Taufe erinnern. Es gab Nudelsuppe mit Wurst und ein Wienerschnitzel. Das war für mich das Höchste aller Gefühle.

Im Sommer übernahm mein Vater die Piffinger Alm in Hafling, das heutige Meran 2000. Der Ernst des Lebens nahm damit für mich erst so richtig seinen Anfang!

Insgesamt waren 115 Stück Galtvieh, die 15 Haflinger Bauern gehörten, zu hüten. Ich musste jedes einzelne Stück Vieh kennen und auch wissen, wem es gehörte. Weiters kamen 25 Haflinger-Pferde und 25 Kälber dazu, die separat vom Galtvieh gehütet werden mussten. Weiters 22 Melchkühe, die jeden Tag zweimal gemolken werden mussten, und zum Schluss noch 18 Goaß (Ziegen). Dies nur als kleiner Überblick über unser Arbeitspensum.

v.l.n.r. Florian, Seppl und ich

Meine Aufgabe war es, jeden Tag das Galtvieh (also die jungen Kühe) zu hüten, das Richtung kleiner Ifinger bzw. Oswaldskirchl bis Missenstein gegen den Kratzberger See hin weidete. In den ersten Wochen war ich komplett überfordert und so kam es, dass vier oder fünf von den insgesamt 115 Kälbern auf der Weide der Milchkühe grasten. Für mich nicht unbedingt ein riesiges Problem, für meinen Vater offensichtlich eine Katastrophe. Ich kann mich noch genau erinnern, wie er die *Goaßl* in die Hand nahm, dabei aber nicht wie üblich den Griff hielt, sondern den *Goaßl*-Stiel umdrehte, mich anbrüllte und ausholte, um mir eins auf den Schädel zu geben. Ich sah nur mehr die Bäume an mir vorbei nach oben sausen. Mein Vater hatte mir einen derartigen Hieb auf den Kopf versetzt, dass natürlich nicht die Bäume nach oben gingen, sondern ich zu Boden stürzte und für eine Weile ohnmächtig liegen blieb.

Meinen Hut konnte ich lange Zeit nicht mehr aufsetzen, so groß war die Beule. Allerdings kannte ich in kürzester Zeit alle 115 Stück Galtvieh beim Namen, wusste, welchem Bauer sie gehörten, wo meine Kälber zu grasen hatten und – vor allem – wo nicht.

Heute denke ich oft daran, dass diese Bestrafung ohne Zweifel zu hart und geradezu unmenschlich war. Doch ich bin der Überzeugung, dass jeder Lernprozess, gerade in jungen Jahren, auch mit einem bestimmten äußeren Druck verbunden sein muss, den man heutzutage des Öfteren vermissen mag.

Der Arbeitstag begann für mich um halb fünf Uhr morgens und ging oft bis in die Nacht hinein – an sieben Tagen in der Woche, den ganzen Sommer lang. Schlimm war es, wenn ein Schlechtwetter-Einbruch die Pferde verscheuchte, teilweise schon am Tag vorher. Wir mussten sie dann in Hafling-Dorf aufstöbern und sie – alles innerhalb eines Tages – wieder zurücktreiben.

Heimgekehrt galt es dann auch noch, die Ziegen zu suchen, die des Öfteren nicht mehr heimwollten und ihren Weg zur Grabe (oberhalb vom Ochsenboden) bis hinunter in die *Gschteirer Wiesn* fortsetzten. Oft kam ich erst spät am Abend heim, bei starkem Regen oder manchmal sogar Schneefall, nur mit einem Sarner-Jangger und einem Lodenmantel als Regenschutz bekleidet. Letzterer wurde, wenn er sich so richtig mit Wasser vollgesaugt hatte, so schwer, dass ich kaum noch laufen konnte. Dennoch – ich war nie krank, das gab es nicht.

Bis heute bin ich der damaligen Falzebener-Wirtin, Frau Stecher, dankbar, die mich oft, gerade wenn es regnete, mit einem „*Biabl kimm inner*“ ins Haus bat und mir einen warmen Tee oder eine Suppe gab.

Tatsache ist, dass ich meine Arbeit als Hirte damals sehr gut gemacht habe: Kein einziges mir anvertrautes Stück Vieh ist verunglückt. In den vorangegangenen neun Sommern war jedes Jahr ein oder sogar mehrere Tiere abgestürzt und verendet. Dass ich meine Sache gut gemacht hatte, haben mir meine Eltern nie gesagt, ich bekam lediglich Lob vom Almmeister, dem Nusser-Bauern, der für die Alm verantwortlich war.

Einfacher wurde es für mich, sobald Mitte September das Vieh von der Alm abgetrieben wurde und lediglich unsere eigenen Ziegen und zwei Kühe zurückblieben.

Ich konnte dann erst drei Wochen nach Schulbeginn am 1. Oktober das neue Schuljahr an der Volksschule Kuens beginnen, was ganz bestimmt nicht förderlich für meine schulischen Leistungen war.

... der Kampf in der Schule und mit den Nachbarskindern begann aufs Neue.
Besondere Probleme bereitete mir die Tatsache, dass meine Eltern die Lehrer und sogar die Nachbarskinder aufgefordert hatten, sie umgehend zu benachrichtigen, wenn ich mich nicht anständig benommen oder etwas angestellt hatte. Es liegt auf der Hand, dass mich meine Mitschüler, zu denen ich von Anfang an kein gutes Verhältnis hatte, bei jeder sich bietenden Gelegenheit „verpfiffen“. Das heißt, nach der Schule bezog ich vom Vater immer wieder eine ordentliche Tracht Prügel, und das nicht nur einmal in der Woche.

Ich bekam damals zuhause mehr Schläge als zu essen.
Selbstverständlich revanchierte ich mich in der Folge umgehend bei demjenigen, der mich verraten hatte, indem ich ihn meinerseits gebührend verprügelte. Und daraufhin empfing mich mein Vater wiederum mit erhobenen Händen. Es war ein Kreislauf, der kein Ende nehmen wollte.

Ich entwickelte mich zum absoluten Außenseiter. Fast jeden Tag Strafaufgabe, von den Schülern verspottet, ausgelacht und verprügelt, bis Hemd und Hosen in Fetzen gerissen waren. Zuhause verprügelt wegen der kaputten Kleider und, was noch schlimmer war, das Knien auf einem kantigen Scheit, oft stundenlang.

Ich erinnere mich, dass es in der Nachbarschaft eine weitere recht arme Familie gab. Der Vater war ein Trinker, die Mutter nie daheim. Eines Tages sollten die vier Kinder ins Kinderdorf nach Brixen gebracht werden. Das war ein Aufstand. Mit zwei Autos holten vier gut gekleidete Personen die Kinder ab und ich glaube, so kam es mir damals jedenfalls vor, sie gingen gerne mit. Man sagte, sie seien jetzt gut aufgehoben und hätten von nun an ein besseres Leben. Ich kannte die Organisation Kinderdorf schon von der Volksschule

Heini Holzer, 12 Jahre alt

Schenna her, wo man uns einen Film darüber gezeigt und freiwillige Spenden gesammelt hatte.

Kurz und gut: Ich sah den Kindern hinterher, wie sie von fremden Menschen weggebracht wurden, und war sehr traurig – nicht wegen der Nachbarskinder, sondern weil ich nicht mit von der Partie war.

Ich war traurig, dass sie nicht mich mitgenommen hatten. Ich beneidete sie, wäre gerne mitgefahren ins Kinderdorf. Auch später befasste ich mich noch des Öfteren mit dem Gedanken, abzuhauen und mich alleine nach Brixen durchzuschlagen, aber Brixen war für damalige Verhältnisse weit, sehr weit entfernt und schier unmöglich zu erreichen.

In der Schule verschlimmerte sich meine Lage immer mehr. Vielleicht trug auch mein Äußeres dazu bei, denn meine Eltern hatten kaum Geld für das Notwendigste. Vor allem bei der Bekleidung fiel unser chronischer Geldmangel deutlich auf. Ich war das einzige Kind, das mit *Knoschpn* (Holzschuhen), die mein Vater selbst gemacht hatte, zur Schule ging. Meine Hosen waren aus einem alten Mantel geschneidert, den meine Mutter von Bekannten geschenkt bekommen hatte. Braungelb quadratisch kariert mit dunkelgrüner Grundfarbe. Der Spott ließ nicht lange auf sich warten und dementsprechend war auch meine Abneigung gegen Mitschüler und Lehrer groß.

Tscholl Ander, 10 Jahre alt

Ich kann mich noch gut erinnern, dass da ein kleiner Junge war, dem es wohl ähnlich erging wie mir.Er war von seiner Statur her eher klein, jedenfalls für sein Alter, stand immer im Abseits und wurde wegen seines Kleinwuchses nicht ernst genommen und genauso verspottet wie ich. Ich hatte ihn anfangs gar nicht wahrgenommen – erst als wir an einem Sonntag bei Bekannten in Riffian eingeladen waren, lernte ich ihn besser kennen. Es war die Familie Kröss mit ihren zwei Kindern Heini und Erika. Sie konnten beide gut singen und Heini konnte außerdem noch auf der Maulorgel (Mundharmonika) spielen. Stundenlang hätte ich ihnen zuhören können. Heini war ein eigener Typ, ein absoluter Außenseiter. Wir haben uns eigentlich von Anfang an gut verstanden. Er zeigte mir sein Versteck, eine kleine Höhle mitten in einem riesigen Dornenbusch. Sie hatte nur einen sehr kleinen und schmalen Zugang und ich musste mich wirklich anstrengen, Heini zu folgen, der durch die Dornen sauste wie ein Wiesel. Er erzählte mir, dass er Wilderer werden wollte, wenn er erwachsen war. Heini wusste über Tiere und ganz speziell über Vögel Bescheid wie kein Zweiter, und seine Naturverbundenheit faszinierte mich immer wieder aufs Neue.

„Bleibe auch dann fair, wenn das Leben unfair zu dir ist.“
J. Todenhöfer

Ich habe mich noch des Öfteren mit ihm getroffen und eines Tages stellte sich heraus, dass sein leiblicher Vater schon lange tot war und sein Nachname nicht Kröss, sondern eigentlich Holzer war. Erst später in meinem Leben wurde mir bewusst, wen ich da kennengelernt hatte, nämlich Heini Holzer, den Kaminkehrer und Steilwandabfahrer, mit dem ich noch so manches Abenteuer erleben sollte.

Muttertag

Zuhause bemühte ich mich verstärkt, zumindest das Verhältnis zu meiner Mutter auf einem halbwegs erträglichen Niveau zu halten. Im Zeichnen war ich immer relativ gut und ich hatte mir auch viel Mühe gegeben, zum Muttertag ein Gedicht zu lernen. Mit einer Zeichnung und einem Gedicht wollte ich meiner Mutter eine große Überraschung bereiten. Am Muttertag übergab ich die Zeichnung und begann mein Gedicht aufzusagen. Sichtlich angespannt begann ich mit den ersten Versen und es lief auch schon wie geschmiert. In meiner Nervosität spielte ich aber wohl mit den Fingern an meinem „*Firtigbantl*“ (Schürzenband) herum. Das muss die Mutter so gestört haben, dass sie mir mit einem Satz kräftig auf die Hand schlug. Völlig unerwartet hatte ich mir schon wieder eine eingefangen und derart erschrocken konnte und wollte ich das Gedicht nicht mehr zu Ende aufsagen. Es war mir egal, ich konnte sowieso nichts recht machen. Ein paar Tage später sagte ich meiner Mutter ins Gesicht, dass ich für sie niemals mehr ein Gedicht aufsagen würde.

Wie sehr hatte ich mir doch als Hirte gewünscht, wieder in die Schule zu gehen, wie sehr hatte ich mir beim Locher gewünscht, meine Eltern wiederzusehen! All das war nun Realität, doch diese Realität hatte ich mir ganz anders vorgestellt. Ganz egal, wohin ich ging und was ich tat, es war verkehrt und endete damit, dass ich von irgendjemand Prügel bezog oder umgekehrt. Wenn man einmal im tiefen Sumpf landet, zieht es einen wie ein Sog nach unten.

Ich wusste nicht mehr ein noch aus. In Schenna war ich in schwierigen Situationen zum Locher-Kreuz gegangen und hatte mich dort wieder aufbauen können. Ein Wegkreuz, das war meine Rettung. So ein Locher-Kreuz musste es ja auch in Kuens geben, ich konnte ja nicht eigens nach Schenna laufen.

Gleich nach der Schule machte ich mich eines Tages auf die Suche nach einem geeigneten Platz, wo ich mit mir und meinen Sorgen erst mal ins Reine kommen konnte, vorübergehend jedenfalls.

Zuhause wartete schon mein Vater auf mich. Genau an diesem Tag wollte er nämlich die zwei letzten Ziegenkitzlein „*ostechn*“ und ich sollte ihm dabei helfen. Mein Vater hatte, sofern es irgendwie möglich war, immer „*Goas*“. Ich mochte die Ziegen recht gern; mit ihnen konnte ich jedenfalls besser reden und umgehen als mit meinen Mitmenschen. Im Februar/März kitzten die „*Goas*“ und meine Freude war groß, denn die Kitzlein durfte ich zweimal am Tag versorgen. Als sie etwas größer wurden, wurde sogar mit der Schnullerflasche zugefüttert. Jedes Kitzlein bekam einen Namen von mir und ehrlich gesagt beschäftigte ich mich wesentlich lieber mit ihnen als mit den Hausaufgaben, die ohnedies meist durch Strafaufgaben erweitert waren. Alt wurden meine Kitzlein aber nicht – es musste sein, das Schlachten war für meine Eltern eine wichtige Einnahmequelle. „*Gea onnen und houl 's Kitz*", schrie mich mein Vater am Schlachttag immer an. Ich holte eines nach dem anderen, hielt jedes fest in meinen Armen und mit meinen kindlichen Augen musste ich mit ansehen, wie Vaters Messer jedem meiner Kitzlein die Kehle durchbohrte und sie langsam in meinen Händen verendeten.

Doch heute sollte es anders sein, heute nicht.

Nicht mit mir. Dieser Tag sollte nur mir gehören. Ich suchte den ganzen Nachmittag, vergebens. Nachhause gehen konnte ich nicht, wusste ich doch, was mich dort erwartete. So schlenderte ich durch den Finele-Wald und kam dabei an einem Graben vorbei. Da war ein tief und steil abfallender Hang, ich wagte kaum, mich hinauszulehnen, um zu schauen, wie tief der Graben war. Und da war plötzlich diese innere Stimme, die immer lauter wurde: „*Ander, hupf oi, hupf oi.*" Ich sah hinunter und mir war auf einmal, als würde ich schweben. All die Fesseln hatten sich gelöst und ich konnte mich dieses schönen Gefühls nicht mehr erwehren. Ich stellte mich an den Rand des Abgrunds, nahm die Hände nach oben und …

„NIEMALS!" Ich hatte eigentlich schon abgeschlossen mit dem Leben, trotzdem – irgendetwas wehrte sich in mir und obwohl ich mit der kleinsten Anstrengung hinuntergestürzt wäre, zog es mich, wie von einem Magneten angezogen, zurück.

„Feigling", dachte ich mir, „ willst du lieber Schläge einstecken oder auf einem kantigen Scheit knien?". Und so stellte ich mich abermals an den Abgrund, blickte hinunter, doch nichts in der Welt hätte mich dazu gebracht, zu springen. Ich setzte mich ins Gras und fing fürchterlich zu weinen an.

Ich war elf Jahre alt, psychisch am Ende, und wieder sollte mich eine besondere Fügung aus meiner Misere befreien. Der Pfarrer von Kuens wurde krank und von einem anderen Religionslehrer vertreten. Ausgerechnet diesen kannte ich von Staben und er hatte mich als ganz anständigen Schüler in Erinnerung. Meine Mitschüler staunten nicht schlecht, als dieser nach außen streng wirkende Priester zu meiner Schulbank herüberkam und mich mit den Worten begrüßte: *„... jo's Anderle, do hobn mir jo an gonz fleißign Schialer."*

Er war sehr streng und konservativ und alle wunderten sich, dass ausgerechnet ich mit dem neuen Lehrer so gut zurechtkam. Ich fasste wieder Mut, in die Schule zu gehen, und damit verbunden besserte sich auch das Verhältnis zu meinen Schulkameraden. Man kann sagen, dass mich in diesen Zeiten der Religionsunterricht über Wasser gehalten hat. Es gab endlich wieder eine Gelegenheit für mich, mich ausnahmsweise einmal wohlzufühlen.

Eines Tages unterhielt sich mein Vater, der natürlich nichts davon mitbekommen hatte, dass es mir jetzt besser ging, mit einem Nachbarn zum Thema Schule. Der Nachbar erzählte ihm, dass seine Kinder in Dorf Tirol zur Schule gingen und es dort überhaupt keine Probleme gäbe. Und da war er schon wieder, der rote Faden. Kurzerhand wurde beschlossen, mich in Dorf Tirol in die Schule zu schicken. Ich wurde wieder einmal hin und her geschoben wie ein Stück Vieh. Doch dieses Mal sollte es anders kommen.

Als ich im Herbst eingeschult wurde, bekam ich eine Lehrerin, mit der ich mich sofort gut verstand. Auch mit den Mitschülern kam ich gut aus, es gab kaum eine Schlägerei und blutige Nase habe ich mir auch keine mehr geholt. Der Schulweg war allerdings weiter, trotzdem – es ging mir endlich gut, ich war mit meiner neuen Situation zufrieden.

Ich hatte mich richtig gut eingelebt und vor allem wurde ich von meinen Mitschülern respektiert. Wirklich respektiert zu werden, war mir bis dahin völlig fremd. Sicherlich, von einigen wenigen, gegen die ich mich mit meinen Fäusten durchgesetzt hatte, war ich auch in der Vergangenheit notgedrungen respektiert worden. Doch jetzt war alles anders, denn gerauft wurde nicht mehr aus Zorn, sondern um zu sehen, wer der Stärkere war, und das war ein großer Unterschied. Ich hatte plötzlich Freunde gefunden – Gleichaltrige, die mit mir den Schulweg teilten und mit mir spielten. Ich war einer von ihnen.

Kapitel 2

„Gueter Bua, muasch di hold uanfoch a bissl tummeln."
oder: Auf dem besten Weg, ein ewiger Knecht zu werden.

Natürlich hielt auch diese Situation nicht lange an. Mein Vater hatte einen Hof im Schnalstal gepachtet und Anfang April wurde *„geplindert"* (übersiedelt). Wir waren ja mittlerweile echte Profis im Übersiedeln und kamen dieses Mal zum Außerbrugger-Hof am Katharinaberg. Dies war nun unsere neue Heimat. Der Hof gehörte kirchlich zu St. Katharinaberg, lag aber genau an der Grenze zu Karthaus, weshalb sich die Eltern entschieden, dorthin zur Kirche zu gehen und uns dort zur Schule zu schicken.

Ich war damals 12 Jahre alt und es war klar, dass ich nur mehr für kurze Zeit zur Schule gehen würde. In der Schule war ich einer von den Größeren. Dementsprechend war auch mein Auftreten: Schulkinder, die mich auch nur schräg angeschaut hatten, bekamen sofort eine auf die Birne und mit den großen Buben wurde die Angelegenheit natürlich mit den Fäusten ausgetragen. Mein Ziel war es, mir bei meinen neuen Mitschülern sofort Respekt zu verschaffen, und wie das ging, hatten mir meine Eltern zeitlebens auf leidvolle Weise beigebracht. Das Schlimme dabei war, dass ich für das Leid, das ich anderen zufügte, keine Reue oder Gewissensbisse empfinden konnte. Wie hätte ich dies auch lernen können, bei solchen Vorbildern?

Ich konnte mir nur mit den Fäusten Respekt verschaffen.

Dazu möchte ich eine Geschichte erzählen, welche diese Tatsache veranschaulicht. Eines Nachmittags, der erste Schnee war gefallen, wurde eine Schneeballschlacht ausgetragen. Zuerst lief alles ganz friedlich ab, bis auf einmal einige Mitschüler einen Stein in den Schneeball mit einbauten und mir an den Schädel donnerten. Nun war es mit dem Frieden vorbei. Ich sah, wie zwei größere Buben von der Seite her auf mich zukamen, und dachte nur: Wenn du dich jetzt nicht wehrst, gehst du unter. Neben mir war ein Speltenzaun; ich riss eine Spelte heraus und im gleichen Zug schlug ich einem der beiden mit voller Wucht die Spelte über den Rücken, so dass dieser mit einem lauten Schrei sofort zu Boden ging. Jetzt war erst einmal Sendepause. Ich schrie die anderen an: Wer sich mir näherte, dem würde es genauso ergehen. Ich schaute noch zu, wie ihn seine Freunde weinend wegbrachten, und war mir gleichzeitig der Tatsache bewusst, dass ich mir mit dieser Aktion viel Respekt verschafft hatte. Von nun an war klar, dass ich einer von den Stärksten in der Schule war.

Ich wurde für einige Tage von der Schule ausgeschlossen.
Gleich am nächsten Morgen wurde das am Vortag Geschehene in der Italienischstunde besprochen. Ausgerechnet Italienisch. Ich konnte die Italienischlehrerin nicht ausstehen, sie war rothaarig, schon etwas älter und hatte eine grässlich grelle Stimme. Ich musste nach vorne zu ihr und dabei stellte sich heraus, dass ich den Sohn des Bürgermeisters niedergestreckt hatte. Die Lehrerin sagte, er solle sein Hemd ausziehen, und der Schlag, den ich ihm verpasst hatte, war tatsächlich deutlich zu sehen: ein dunkelroter, breiter Streifen über den ganzen Rücken. Sie fragte mich, was ich dazu zu sagen hätte, und ich antwortete nur, ohne die geringste Reue zu empfinden: „Das hat er sich verdient." Für meine Verteidigung war das, zugegeben, die falsche Antwort, und so wurde ich für eine Woche von der Schule ausgeschlossen. Die Nachbarskinder brachten Vater das Kuvert mit der entsprechenden Mitteilung; den folgenden Gang der Dinge kann sich wohl jeder leicht vorstellen

Natürlich, und gerade in diesem Alter, gab es für einen jungen Burschen nicht nur Schule, Arbeit und Prügel. Des Öfteren hatte ich vom Skifahren im Schnalstal gehört und träumte davon, einmal eigene Skier zu besitzen. Oder ich hätte auch gerne Mundharmonika gespielt, denn eine eigene Maulorgel zu besitzen, wäre für mich das Größte gewesen. Bis ich eines Tages zum Vater ging, mit

Beim Einkaufen in Karthaus ist mir das Peterle, unser Rehkitz, nachgelaufen.

der Bitte mir entweder ein Paar gebrauchte Skier oder eine Mundharmonika zu kaufen. Die Antwort war kurz und trocken: „*Skifohrn willsch, woll du, zem reisch dr jo lei di Haxn oh und zin Maulorgl spieln brauchts a Ghear, sell hosch du kuens.*“ Sprach der Alte und sagte mir im gleichen Atemzug die Arbeiten an, die am heutigen Tage zu verrichten waren.

Es wurde immer deutlicher, worauf es ankam: arbeiten, arbeiten und nochmals arbeiten.

In die Schule kam ich meistens zu spät.

Bevor ich zur Schule ging, musste ich das Vieh versorgen: 16 Rinder, meistens noch einige Schafe und Ziegen und zwei Schweine. Zuerst einmal ausmisten, dann tränken und „*straibn*“. Von der Schule zurückgekehrt, waren je nach Jahreszeit verschiedene Routinearbeiten zu verrichten. Der Mist wurde zum Teil mit kleinen Seilbahnen auf das Feld gebracht oder aber mit Körben dorthin

Außerbruggerhof (1959)

getragen – eine, wie man sich unschwer vorstellen kann, sehr harte Arbeit. Gemäht wurde von Hand und das Heu teils mit einem Schlitten gezogen, teils auf *Pfergln* getragen. Auch die Bewässerung war ein eigenes Kapitel; sie erfolgte über eine fliegende Leitung. Auf dem gesamten Hof verteilt gab es vier Hydranten, wo diese lose Wasserleitung angeschlossen werden konnte, und insgesamt an die 20 Leitungsstangen (fün Meter lange Rohre). Diese mussten jedes Mal über eigene Aluminiumkupplungen zusammengesteckt werden. Kurz gesagt: eine echte Schinderei.

Dies nur als ein kleiner Überblick, was neben der Schule am Hof alles zu tun war. Außerhalb der Schulzeit, im Sommer, wurden im Wald oberhalb des Hofes die Milchkühe gehütet, während das Galtvieh bereits auf der Alm war.

Von meinen Eltern hörte ich nur mehr eins: „*Ander, des muasch du tian und des a nou und des a nou!*“ Wenn ich mich dann – selten genug – beschwerte, ich würde das alles nicht schaffen, bekam ich lediglich zur Antwort: „*Gueter Bua, muasch di holt uanfoch a pissl tummeln!!!*“ Was nichts anderes bedeutete,

Karthaus (ganz unten der Brugger-Hof)

als dass ich meine Arbeitsgeschwindigkeit erhöhen, meine Arbeitsabläufe besser koordinieren und keine Müdigkeit aufkommen lassen sollte.

Das mit der Arbeitseinteilung klappte nicht immer, besonders morgens vor der Schule, und so kam ich dann, todmüde und erschöpft, meistens eine halbe Stunde zu spät nach Karthaus (nach einem Schulweg von 45 Minuten bergauf).

Karthaus liegt auf einer 1.327 Meter hoch gelegenen schmalen Hangstufe auf der linken Seite des Schnalstales. Und noch heute spürt man hier den Geist des namengebenden einstigen Kartäuser-Klosters: Die heute noch erhaltenen Reste der wehrhaften Ringmauer um das Dorf zeugen von dem Respekt der Mönche vor den Bauern, die die hohen Abgaben nicht immer widerstandslos hinnahmen. 1525 wurde das Kloster von aufständischen Bauern geplündert, worauf die Mönche die Ringmauer erbauen ließen. Schließlich, im Jahre 1782 wurde das Kloster im Zuge der Säkularisierung durch Kaiser Josef II. aufgehoben und es zogen Bauern und Handwerker in die historischen Klostermauern.

Wer Karthaus kennt, weiß, dass es neben dem Kreuzgang auch unzählige Kleinstallungen mit dazugehörendem Stadel gibt. Zum Berghang hin, gleich hinterm Dorf, gab es ein Sägewerk mit Lagerplatz, für uns der geeignete Spielplatz für „Raber und Polli“ (Räuber und Gendarm). Ich habe ja im Laufe der Zeit so einige Male die Schule wechseln müssen, ich kann mich allerdings nicht erinnern, jemals zuvor so viel Spaß beim Spielen gehabt zu haben. Unser guter Pfarrer bzw. unser Lehrer hatte im Vorhinein 25 Minuten für die Pause eingeplant. Ich sehe ihn noch heute im Schulhof stehen, mit einem Glöckchen mit Stiel in der Hand. Am Ende der Pause läutete er, was das Ding hergab, aber kein Schüler war weit und breit zu sehen. Das Raber-und-Polli-Spielen war einfach so toll, dass es nicht möglich war, mittendrin abzubrechen, und so hat die Pause manchmal auch bis zu einer Stunde gedauert. Es gab auch Zeiten, wo wir nach der Schule weitergespielt haben und ich den Schulweg (45 Minuten bergauf zur Schule) bergab in 10 Minuten zurückgelegt habe, um nicht zu spät nach Hause zu kommen.

Zu meinen Nachbarskindern hatte ich kein so gutes Verhältnis. Sie wohnten zwar im selben Haus, benutzten dieselbe Haustür und wohnten praktisch vis-a-vis, doch hatten meine Eltern wieder einmal eine „perfekte“ Basis für unser Zusammenleben geschaffen:
„Wenn euch der Ander auch nur schief anschaut“, sollten sie Bericht erstatten und man würde die Angelegenheit mit der nötigen Härte (Prügel, Schläge usw.) zu regeln wissen. Notgedrungen pflegte ich folglich nur kurzen bzw. gar keinen Kontakt zu unseren Nachbarn und außerdem hatte ich mein tägliches Arbeitspensum zu erledigen und somit war da sowieso kaum Zeit für Persönliches.

Die Goas „Strahle“

Ein wesentlich größeres Problem hatte ich damals mit einer Ziege namens „Strahle“.

Sie war ein ganz raffiniertes und hinterlistiges „Luder“, ich kam einfach nicht zurecht mit ihr. Zusammen mit dem Rindvieh hätte ich sie hüten sollen und das hatte bis dahin mit allen andern Ziegen auch einwandfrei funktioniert – nicht aber mit dieser *Goas*. Die gute Strahle ging ihrer eigenen Wege und war nur bestrebt, im bestehenden Zaun eine Lücke zu finden, durchzuschlüpfen und sich in Nachbars Garten, speziell im *Kobis*-Feld (Blumenkohl), besonderen Genüssen hinzugeben.

So einige Male hat mich die Strahle ausgetrickst, ganz nach dem Motto: Je schöner die Karotten und der Salat, desto öfter war die *Goas* im Acker. Auf die Dauer war das kein Zustand, sah ich doch jedes Mal deutlich den umgedrehten *Goaßl*-Stiel vor mir, den mein Vater damals, auf Meran 2000, auf meinen Kopf geschmettert hatte.

Ich beschloss, die Sache auf meine Art zu klären, und das ging so: Heimlich nahm ich ein 10 Meter langes *Pfergl*-Seil mit in den Wald, um dort, gleich in der Früh, das Vieh an einem Baum festzubinden. In diesem Umkreis konnte sie nun grasen und der Fall war für mich damit geklärt, denn niemand merkte, dass die Ziege den ganzen Tag angebunden war. Jeden Tag wurde die Strahle an einen anderen Baum gebunden, bis sich Unvorhergesehenes ereignete:

Sie war mausetot.

Als ich eines Abends das Tier abholen wollte und schon von weitem ihren Namen rief, lag sie regungslos am Boden und machte keinen Mucks mehr. Sie hatte sich wohl durch einen unglüchlichen Zufall selbst erhängt, auf jeden Fall war sie schon lange tot, mausetot.

Anfangs hatte ich kurz Mitleid mit dem armen Tier, doch bald schon war das Einzige, was mir vor Augen stand, Vaters Stecken, den ich schon des Öfteren im Kreuz zu spüren bekommen hatte. Einige Monate hatte ich es damals geschafft, keine Prügel mehr zu beziehen. Wenn sich das nicht ändern sollte, musste ich schnell handeln und einen Unfall vortäuschen: Ich packte die Ziege, brachte sie bis zum Zaun, unter dem sie des Öfteren durchgeschlüpft war, und steckte sie in diese Öffnung. Es sah tatsächlich so aus, als sei sie auf diese Weise zugrunde gegangen, glaubte ich …

Nun konnte ich Vater Bescheid geben und ihm die Stelle zeigen, wo die Ziege umgekommen war. Er bückte sich, zog das Tier aus der Öffnung, hob es auf den Rücken und warf mir einen Blick zu, den ich niemals mehr vergessen werde.

Ich sah ihm sofort die Enttäuschung an; enttäuscht war er aber offensichtlich nicht wegen der „*hinigen Goas*“, sondern weil er gleich gesehen hatte, dass sie so nicht verendet sein konnte und dass hier etwas anderes dahintersteckte.

Die Lüge, das war das Schlimmste …

Er würdigte mich wochenlang keines Blickes. Ich hatte meinen Vater zeitlebens als einen brutalen Tyrannen erlebt und eine natürliche Distanz, ja sogar eine persönliche Mauer zu ihm aufgebaut, doch dieser Blick der Enttäuschung beschäftigte mich noch lange. Es gab also einen Unterschied zwischen einer schlecht verrichteten Arbeit, einer Verspätung, einer Unzulänglichkeit einerseits und einer Lüge andererseits!

Seit wir ins Schnalstal gekommen waren, hatte ich meinen Vater durch harte Arbeit davon überzeugen können, dass ich doch zu etwas zu gebrauchen war und dass aus mir vielleicht doch noch ein halbwegs ordentliches Mitglied der Gesellschaft werden würde. Mit dieser Aktion hatte ich all das zerstört, denn angelogen hattee ich meinen Vater bis dahin noch nie.

... im Nachhinein hat mir der Blick meines Vaters wesentlich mehr weh getan als eine Tracht Prügel

Ich habe dadurch gelernt, dass es nicht immer einfach ist, die Wahrheit zu sagen und die Konsequenzen zu tragen; doch wenn die Sache erst einmal „heraußen" ist bzw. man für sein Verhalten bestraft worden ist, ist die Angelegenheit abgetan und vorbei. Lügen haben die Eigenschaft, dass sie vielleicht kurzfristig für Ruhe sorgen, langfristig werden sie jedoch in der Regel aufgedeckt und die Konsequenzen bzw. die Strafe dafür sind dann um ein Vielfaches schmerzlicher. Kurz gesagt: Lügen zahlt sich langfristig gesehen nicht aus.

Die Beziehung zu meinem Vater war also bis auf weiteres auf Eis gelegt und das Verhältnis zu meiner Mutter verschlechterte sich ebenfalls zusehends. In ihren Augen war ich ein hoffnungsloser Versager, aus dem sowieso nie etwas werden würde, was folgende Geschichte eindrücklich veranschaulicht:

Das „Kübele-Treibn"

Beim „Kübele-Treibn" wurde der von der stehenden Milch abgeschöpfte Rahm (vielfach wurde der Rahm auch mittels einer Zentrifuge von der Milch getrennt) in einen Holzkübel mit Drehvorrichtung geschüttet und dann musste man so lange kurbeln, bis sich aus dem Rahm eine feste Masse (Butter) und eine flüssige

Komponente (Buttermilch) gebildet hatte. Die Butter wurde anschließend geknetet, mit Frischwasser gespült und anschließend in eine hölzerne Butterform gebracht, abgepackt und war bereit für den Verkauf.

Natürlich musste ich auch ab und zu „Kübele treibn". Das war zwar eine nicht unbedingt begeisternde Arbeit, jedoch konnten mit dem Erlös des Butterverkaufs wieder andere Lebensmittel eingekauft werden.

In unserer Küche befand sich ein großer Brunnen mit durchfließendem Wasser. Auf den Brunnen wurde ein Brett gelegt und darauf kam der Butterkübel. Meine Mutter schüttete den Rahm in den Kübel und ich musste treiben. Die Butter sollte ich nämlich gleich nach Karthaus ins Geschäft bringen, um mit diesem Geld verschiedene Sachen, die mir meine Mutter auf eine Liste geschrieben hatte, zu kaufen. Aus all dem wurde aber nichts.

Aus mir bis heute unerklärlichen Gründen kam eines der Nachbarskinder in unsere Küche und beschuldigte mich, ich hätte seinen Sarnerjanker gestohlen. Mutter packte mich bei den Haaren und forderte, ich solle den Janker sofort herausrücken. Ich befreite mich ruckartig aus meiner Lage und muss dabei wohl irgendwie beim Butterkübel angestoßen sein. Auf jeden Fall kippte dieser um und die drei Liter Rahm flossen in den Brunnen!

„Sei kein Rächer! Rache bringt Unglück. Wenn du trotzdem eine Rechnung begleichen musst, tue es nicht sofort, sondern erst nach reiflicher Überlegung. Rache ist ein Gericht, das du erst verspeisen solltest, wenn es kalt ist, oder am besten gar nicht."
J. Todenhöfer

Alle drei standen wir da und beobachteten mit versteinerter Miene, wie unser Geld buchstäblich beim Abfluss hinauslief. Im selben Moment ergriff meine Mutter aus der Holzkiste einen Ast und schlug damit auf mich ein. Ja, sie hat mich regelrecht verdroschen. Niemals zuvor hatte ich von meiner Mutter derartige Schläge bezogen. Der beim Abfluss hinausschwimmende Butterrahm hatte sie derart in Rage gebracht, dass sie sich selbst nicht mehr unter Kontrolle hatte und diese angestaute Wut mittels eines *„larchenen Brigls"* an mir ausließ. Endlich konnte ich mich von ihr losreißen, die Flucht ergreifen und mich ins Freie retten. Es tat unheimlich weh und mit dem Einkaufen war heute sowieso nichts mehr.

Später stellte sich dann heraus, dass nicht ich den Janker gestohlen hatte, sondern dass er in der Schule vergessen worden war. Entschuldigt hat sich niemand, das Wort Entschuldigung existierte nämlich in meiner Familie nicht und anscheinend wohl auch in anderen nicht.

Mein Vater war Kriegsinvalide: Er hatte im II. Weltkrieg eine schwere Kopfverletzung davongetragen und klagte ständig über Kopfschmerzen, gerade bei einem Wetterumschwung.

Der Krieg muss tiefe Wunden hinterlassen haben, denn er erzählte oft von seinen Erlebnissen und man merkte, wie präsent der Weltkrieg für ihn immer noch war. Er hatte wohl viel mitgemacht.

Christliche Erinnerung im Gebete
an Herrn
Andrä Pfitscher
Pixner - Bauer in Tall,
welcher am 19. Februar 1933 im Alter von 49 Jahren nach Empfang der hl. Sterbsakramente sanft im Herrn verschieden ist.
Er ruhe in Frieden!

Wie ist das Scheiden ach so schwer,
Wie wird das Haus so öd und leer,
Wie weint sich Herz und Aug so wund,
Bei eines Gatten Sterbestund;
Bang und geduldig hast Du gelitten,
Viel und hartes littest Du,
Und mit unnennbarem Leiden,
Sah'n Dir Deine Gattin und Geschwister zu
O lieber Gatte, ruhe in Frieden,
O treuer Gatte ruhe sanft.
Gottes Wille hat es so beschieden,
Daß uns das Glück so bald verschwand.

Mein Großvater – Pixner Bauer

Seine Kindheit hatte mein Vater beim Pixner am Tallnerberg verbracht. Mit 14 verlor er seinen Vater und zwei Jahre darauf musste die *Pixner-Mueter* den Hof verkaufen. Seitdem verdingte er sich als Bauernknecht in Tall, Riffian und Schenna, bis er in den Krieg einberufen wurde.

Im Jahr 1958 wurde mein Vater am Magen operiert. Von da an schmeckte ihm der Wein offensichtlich immer besser und es kam auch vor, dass er über Nacht nicht nach Hause kam, wenn er in Meran etwas zu erledigen hatte. Manchmal dauerte es sogar bis zu drei Tage, bis wir ihn in solchen Fällen wieder zu Gesicht bekamen. Er traf sich in der „Schwarzen Katze“ oder im „Weißen

Rössl“ unter den Meraner Lauben mit Bekannten und es wurde gefeiert, was der Magen bzw. die Leber aushielt.

Und so passierte es, dass eine Kuh ausgerechnet an solch einem Tag kalben sollte. Eigentlich nichts Außergewöhnliches, doch bei dieser Geburt gab es Komplikationen. Es war Mitternacht und der Vater war nicht da. Meine Mutter schickte mich bei strömendem Regen nach Karthaus, um nach dem Viehdoktor zu telefonieren. Es war nicht ganz einfach für mich, ich musste die Frau Grüner von der Handlung mitten in der Nacht aus dem Bett trommeln, gemeinsam mit ihr die Telefonnummer suchen und den damaligen Tierarzt Dr. Spögler (später Landtagsabgeordneter) anrufen. Er versprach gleich zu kommen, konnte allerdings nichts mehr für unsere Kuh tun. Es gab keine Rettung mehr und sie musste sofort notgeschlachtet werden. *„Also Bua, du muasch glei zin Karl“*, befahl die Mutter und obwohl ich nur seinen Vornamen kannte, wusste ich sofort, wohin ich zu laufen hatte. Der Karl war Viehhändler, Viehdoktor und gleichzeitig auch *„Struzer“* (ein Metzger, der am Bauernhof schlachtet und das dabei anfallende Fleisch in großen Portionen verkauft). Der Weg war weit und, beim Karl angekommen, musste ich ihm erst einmal die Situation erklären. Wir machten uns gleich auf den Rückweg. Ich durfte beim Karl im Auto mitfahren, worüber ich sehr froh war, denn es regnete immer noch. Als wir schließlich um vier Uhr morgens ankamen, lag die Kuh bereits tot im Stall.

Der Florer Franz, mein Vater und das Egger Hiasele mit der Maulorgel (Mundharmonika)

Mutter nahm mich in den Arm.

Meine Mutter weinte bitterlich und nahm mich, eines der wenigen Male in meinem Leben, in die Arme. Wir machten uns gegenseitig Mut, brachten die verendete Kuh aus dem Stall und bemühten uns, sie, so gut es eben ging, zu verarbeiten. Diese Nacht hat mich geprägt: Zwei Tage zuvor hatte mich die eigene Mutter wie ein Lump verdroschen, und jetzt lagen wir uns in den Armen und beweinten gemeinsam unsere Nelly. Heute würde man diesen Gemütszustand wohl folgendermaßen beschreiben: Ich kriegte das alles nicht auf die Reihe.

Pfossental – Eishof: ein toller Ausflug

Wie jedes Jahr freute ich mich schon auf den Sommer. Gegen Ende Juni wurde das Galtvieh auf die Alm gebracht. Acht Stück Vieh waren „*auzekearn*" (wurden also für drei Monate gegen Bezahlung abgegeben), und zwar zum Eishof im Pfossental. Für mich ein toller Ausflug und eine schöne Sache, war ich doch ein Meister im „*Kia-Hiatn*" und damit vollends in meinem Element. Nach vier Stunden Gehweg waren wir am Eishof, in einer einzigartigen Almlandschaft: saftige Wiesen und Weiden, umringt von den steilen Felswänden der Dreitausender. Ja man mochte meinen, hier hörte die Welt auf. Ich setzte mich hin, schaute mich um und atmete tief ein. Für einen Augenblick empfand ich ein Gefühl absoluter Zufriedenheit. Dieser Ort stellte alle meine bisherigen geistigen „Tankstellen" in den Schatten. Der Eishof im Pfossental sollte für mich auch in späterer Zeit noch eine wichtige Rolle spielen.

Einzug der Technologie: der Condormotor

Zurück zum Bruggerhof in Karthaus und dem Einzug des Technologiezeitalters: Es ergab sich, dass die zwei Cousins vom Sennegg in Marling, die Senneggbuabn Hauser und Franz, für einige Tage bei der Heuernte halfen. Sie begeisterten mich gleich mit ihren guten Ideen zum Transport des Heus. Sie bauten einen großen Schlitten und mit der Seilwinde und unserem Condormotor, übrigens die einzige technische Errungenschaft auf dem Hof, wurde ein Teil des Heus

Condormotor

mit dem Schlitten in die Scheune gezogen, anstatt es mit der „*Pfergl*" (einem Holzgestell mit zwei Seilen, auf welches das Heu gebunden wurde) zu tragen. Es ergab sich eine echte Freundschaft mit den Senneggern, und auch die Basl Liese und ihr Mann Balthasar werden mir aufgrund ihrer Herzlichkeit und vor allem wegen ihres Verständnisses immer in sehr guter Erinnerung bleiben.

Auf unserem Hof hatten wir, wie schon erwähnt, eine Druckleitung, mit der die Wiesen bewässert wurden und zudem auch der elektrische Strom für Haus und Stall erzeugt wurde.

Egal, ob Condormotor, Elektrogenerator oder Hochdruckleitung, irgendetwas war immer kaputt. Für solche Fälle holte man den „*Schnatzer*", einen Mechaniker und Alleskönner am Fuße von Karthaus. Ich war von Natur aus neugierig und schaute ihm bei seiner Arbeit genau zu, sodass ich bald schon imstande war, den einen oder anderen Defekt selber zu reparieren. Am meisten Probleme bereitete uns der Condormotor.

Eines Morgens machte sich mein Vater daran, unseren Condormotor zu starten, es gelang ihm aber nicht. Der Condormotor war wieder einmal „*übersoffn*", das heißt, es war zu viel Benzin in der Zündungskammer. Mein Vater schraubte wie gewohnt die Zündkerze heraus und versuchte, mit dem Taschentuch Zylinder und Kerze zu trocknen. Dabei muss sich sein Taschentuch im Zylinder verfangen haben, auf jeden Fall war er nicht mehr imstande, es aus dem Motor zu ziehen. Der „*Schnatzer*" musste also wohl her. Ich aber sagte zu meinem Vater, er solle mir eine Stunde Zeit geben, denn ich glaubte, ich würde ihn wieder hinkriegen. Ich zerlegte den Motor und baute ihn wieder zusammen. Nach einer Stunde lief er wieder und ich war mächtig stolz auf mich. Das erste Mal in meinem Leben hatte ich meinem Vater zeigen können, dass ich es besser konnte. Das war schon ein tolles Gefühl! Von nun an war ich der „*Schnatzer*" im Haus und wenn es ab und an technische Probleme gab, wie zum Beispiel einen Stromausfall, hieß es kurz: „*Bua, iaz muesch lei du schaugn, des Ding in Gong ze brengen.*" In relativ kurzer Zeit war ich zu einer wichtigen Person am Hof geworden, dachte ich zumindest.

Die Großmutter mit ihren Enkelkindern

„Du bisch nix und du konnsch nix."

Mit dieser neuen Situation, dass nämlich ich ihm in technischer Hinsicht überlegen war, konnte und wollte sich mein Vater nicht abfinden. Es konnte doch nicht sein, dass der „*Rotzer*", wie er mich oft nannte, gescheiter war als er.

Wenn man heute ganz selbstverständlich vom Stolz des Vaters über das Wissen und die Fachkenntnis des eigenen Kindes ausgeht, so war es damals das pure Gegenteil. Dem Sohn einzuräumen, er sei gut, ja sogar besser, bedeutete Autoritätsverlust, und diese Blöße wollte man sich nicht geben, weder vor sich selbst noch – und schon gar nicht – vor anderen. Die Folge war, dass viele Väter die Schwachstellen des Nachwuchses umso mehr heraushoben und – wie auch in meinem Fall – sogar mit überzogener Bestrafung belegten, streng nach dem Motto: „*Du bisch nicht, du konnsch nicht, aus dir werd a nia eppes werrn.*"

Meine Familie (1965)

„Du schworzer Teifl!"

Zwei- bis dreimal im Jahr kam die *Pixner-Mueter* (meine Großmutter) zu Besuch. Wir zwei hatten kein besonders gutes Verhältnis zueinander. Zu präsent war noch die Aktion, wo mich meine Großmutter mit vier Jahren wie einen *Goaßbock* an einem Zaunpfahl angehängt hatte.

Ich konnte ihr gar nichts recht machen, und außerdem nannte sie mich wegen meiner dunklen Haare immer nur den „*schworzn Tuifl*". Mein Bruder Florian hingegen war ihr Liebling und das ließ sie mich bei jeder Gelegenheit spüren. Ältere Menschen konnten damals in dieser Hinsicht sehr gemein sein. Manchmal habe ich mir da schon gedacht: Nein, nicht ich bin ein *Tuifl*, sondern du.

„Lerne zu verzeihen! Verzeihen ist ein Zeichen von Stärke und Souveränität und nicht von Schwäche."
J. Todenhöfer

Meistens blieb sie aber eh nur zehn bis vierzehn Tage, denn durch ihre Anwesenheit wurde so viel Unfrieden gestiftet, dass es sowieso niemand mehr länger ausgehalten hätte. Beim Verabschieden kam dann immer der gleiche

Satz: „*Wer woaß oub mr inz noumol sechn, i bin a kränklicher Mensch und gstorbn isch glei amol.*" Hinter diesem Satz steckte mehrerlei: Einerseits war da eine kleine Drohung versteckt, dass sie uns wohl nicht mehr besuchen würde, andererseits versuchte sie sich über die Mitleidstour indirekt zu entschuldigen, in der Hoffnung, dass man doch wieder eine Einladung für den nächsten Besuch aussprechen würde. Und so war es dann auch. Ja, die Alten wussten genau, was sie sagten und wann sie es sagten mussten, und die *Pixner-Mueter* war überdies eine ganz „*Ogedrahnte*". Über diese Bauernschlauheit könnte man leicht ein ganzes Buch schreiben.

„Der bleib olm lei a Knecht."

Mein letztes Schuljahr bahnte sich an und es kamen erstmals Gedanken über meine berufliche Zukunft auf. Ja sogar ein Berufsberater kam in die Schule, und mein Vater wurde mit mir gemeinsam zu einem Gespräch eingeladen. Ich kann mich noch gut erinnern, wie der Berufsberater verschiedene Berufe aufzählte und mich fragte, was mir gefallen würde oder ob ich bestimmte Neigungen für einen Beruf hätte. Da wäre schon einiges dabei gewesen, doch natürlicherweise zögerte ich ein wenig und so ergriff mein Vater das Wort und das konnte für mich nichts Gutes bedeuten: „*Er war nit gonz bleid, obr learnen will er holt nit, i glab, des bleib eppr a sou a ewiger Knecht.*"

Die Abschlussprüfung war eine einzige Katastrophe. Das verspätete Einschulen durch das ständige Umziehen, die häufigen arbeitsbedingten Absenzen, die fast gleich hoch waren wie die Anwesenheitsstunden in der Schule, und ein alles andere als förderliches familiäres Umfeld machten aus mir einen halben Analphabeten. Ich weiß noch, dass ich im Zeichnen einigermaßen positiv war, aber alles andere war erschreckend.

Die Rechenaufgabe lautete folgendermaßen: Ein Fußballfeld ist 50 m lang und 20 m breit. Wie viel kg Grassamen braucht man, um das gesamte Feld einzusäen, wenn man für einen m^2 ein halbes kg Samen braucht?

Die zweite Aufgabe lautete: Es soll ein Zaun um das Fussballfeld errichtet werden. Wie viele Laufmeter Zaun werden benötigt?

Diese Anforderungen waren angesichts meines damaligen Wissensstandes einfach nicht zu schaffen, kannte ich ja nicht einmal den Unterschied zwischen Quadratmeter und Laufmeter.

Ich konnte dieser Abschlussprüfung tatsächlich nur ein Positives abgewinnen: Für mich war die Schulzeit im Alter von 14 Jahren endlich vorbei.

Der Berufsberater ging mir nicht mehr aus dem Kopf.

Ich hatte es so besser; vor allem in den Wintermonaten konnte ich die Stallarbeit in Ruhe verrichten, denn der weite Weg nach Karthaus zweimal am Tag blieb mir erspart.

Trotzdem, der Auftritt beim Berufsberater ging mir nicht mehr aus dem Kopf. Da gab es anscheinend sehr interessante Berufe, die man erlernen konnte. Sollte aus mir wirklich nichts werden? Meine Eltern hatten mir das jedenfalls ständig und bei jeder Gelegenheit eingeredet: „*Drlearnt hosch nicht, aus dir werd sicher a nia nix werrn.*“

Die Zunneler-Mueter, meine Groß-mutter mütterlicherseits

Im Frühjahr 1964 wurde die Pacht am Bruggerhof aufgelassen. Wir waren vier Jahre im Schnalstal gewesen und mein Vater suchte nun wieder einmal ein neues Zuhause für uns. Es gab da mehrere Möglichkeiten: Eine Pacht in Seis am Schlern, eine Pacht in Naturns und schließlich ein Wohnung im Florerhof in Schenna. Man entschied sich für Letzteres und so zogen wir um nach St. Georgen in Schenna.

In dieser Zeit starb meine Großmutter mütterlicherseits, die Zunneler-Mueter, eine

Die Zunneler-Familie im Jahr 1927, in der Mitte meine Mutter

Kusinen-Treffen beim Zunneler-Hof (1958)

Frau, die sehr viel mitgemacht hatte. Sie wurde am 6. Mai 1878 in Schenna beim Zunneler geboren und hatte noch zwei Schwestern. Sie heiratete einen Hilburger-Sohn und hatte mit ihm insgesamt 11 Kinder, wobei meine Mutter das jüngste war. Ihren Mann verlor sie recht früh und musste somit alle 11 Kinder am Zunneler-Hof alleine aufziehen. In den 50er-Jahren übergab sie den Hof ihrem ältesten Sohn Franz. Sie arbeitete bis ins hohe Alter und verrichtete verschiedene Arbeiten; besonders wenn ihre Töchter im Wochenbett lagen, war sie eine große Hilfe. Sie verstarb am 26. März 1963.

Als Knecht beim Salfner-Hof

In Schenna angekommen, machte mein Vater seinen Plan mit mir als „*Holbperlogg*“ wahr und organisierte meine erste Anstellung als Knecht beim Salfner-Hof. Ausgehandelt wurde ein monatlicher Lohn von 13.000 Lire. Davon musste ich zu Hause 10.000 Lire abgeben.

Der Salfner-Hof – mein erster Arbeitgeber

Natürlich versuchte ich in meinem neuen Arbeitsumfeld mein technisches Wissen sofort einzusetzen, doch die einzige Maschine am Hof war eine BCS-Mähmaschine. Der Bauer, der Salfner Hans, wollte diese Mähmaschine eines Tages in Bewegung setzen und versuchte den Motor zu starten. Nachdem der Motor nach einer halben Stunde immer noch nicht angesprungen war, wickelte er, über und über in Schweiß gebadet, das Startseil das letzte Mal um den Antrieb und zog mit voller Kraft, doch das Ding wollte wieder nicht. Erbost und völlig geschafft, schrie er auf, was denn das für ein *„elendigs Plunder"* sei, in der Zeit hätte er mit der *„Segnes"* (Sense) schon *„an wolten Ruan"* abgemäht. Ich sah mir die Mähmaschine an und erklärte ihm, dass er den Benzinhahn aufdrehen müsse, wenn er den Motor zum Laufen bringen wolle, anders gehe es nicht. Da meinte er nur trocken: *„Des war a Häglikeit."* (Das wäre eine Genauigkeit.)

Die aufgescheuchten Kühe – ich war mehr in der Luft als am Boden

Eines Nachmittags sollte ich mit zwei Kühen und einem Leiterwagen dem Nachbarn vom Salfgut beim *„Hei-Intian"* (Heu-Einführen) helfen. Der Bauer trug mir auf, stets achtsam auf die Kühe und den Wagen aufzupassen. Das tat ich auch. Der Nachmittag verlief reibungslos und wir konnten zwei volle Fuhren Heu in Nachbars Scheune einbringen. Doch nach der Marende, als ich Kühe und Wagen nach Hause fahren wollte, passierte es:

Ich war beim *„Unsetzn"* (beim Festbinden der Kühe an der *Dschungl* und am Joch) und wollte gerade den *„Dschunglnogl"* durchschieben, da ließ sich der Moar in Bichl Franz aus Übermut und Freude über die verrichtete Arbeit mit einem „mordsmäßigen" Juchzer rückwärts in die Wiese fallen. Das muss die Kühe so erschreckt haben, dass sie mit einem gewaltigen Satz nach vorne liefen. Da es nach vorne gleich bergab ging und ich den *„Dschunglnogl"* nicht mehr ordnungsgemäß einsetzen konnte, rollte der Leiterwagen von hinten auf die Kühe, die nun erst richtig in Schwung kamen. Auf jeden Falle rollten wir alle, ich voran, die Kühe hinter mir und abschließend der Wagen, mit vollem Karacho den Hang hinunter. Ich versuchte, vorne an der Wagendeichsel zu lenken,

Mein erstes „bairisches Gwand"

was mir nur zum Teil gelang. Ich war mehr in der Luft als am Boden und mir war klar, wenn ich zu Boden falle, werde ich entweder von den Kühen zertrampelt oder vom Leiterwagen überrollt. Es ging unheimlich schnell zwischen den Obstbäumen hindurch und plötzlich hörte ich einen Riesenknall. Wir hatten mit der rechten Vorderfront einen Baum gerammt. Der Wagen brach auseinander und ein Großteil blieb in der Wiese zwischen den Obstbäumen liegen. Nur die Kühe kamen nicht zum Stillstand. Ich vorne auf der *Lengs*, waren die Kühe mit halbem Gefährt noch immer im Galopp Richtung Salfner-Kapelle unterwegs, wo ich schon einen Holzzaun auf mich zukommen sah. Mit einem Riesensatz konnte ich mich in die Wiese retten, die Kühe liefen seitlich auf den Holzzaun auf und blieben, zwischen Zaun und Wagen eingeklemmt, stehen. Damit war die Fahrt erst mal zum Stillstand gekommen. Schmerzverzerrt richtete ich mich auf und beim genaueren Hinsehen traute ich meinen Augen nicht: Vom Leiterwagen waren nur mehr die Deichsel, die Vorderachse und ein Rad übrig geblieben, der Rest lag weit verstreut in der Wiese zwischen den Obstbäumen. Ich blickte hinauf und da stand der Franz, fast erstarrt vor Schreck und kreidebleich im Gesicht, zusammen mit seiner Ziehmutter Regina, die ebenfalls alles mitangesehen hatte. Meine Aufmerksamkeit galt jetzt den Kühen, denen zum Glück, bis auf einige kleine Abschürfungen an den Beinen, nichts passiert war.

Am Ende blieb mir nichts anderes übrig, als mit den beiden Kühen und ohne Leiterwagen zum Salfner zurückzukehren. Ich musste nun dem Bauern erzählen, was sich ereignet hatte, und hatte alle Hände voll zu tun, ihm zu erklären, dass mich keine Schuld daran traf. Zusammen mit seinem Bruder, dem *Rastl*

In der Florer-Stube

Tunig, gingen wir sofort daran, die Reste des Wagens einzusammeln. Er baute den Wagen in einigen Arbeitstagen dann wieder zusammen. Schlussendlich war ich froh, dass alles noch mal gut gegangen war. Der Moar in Bichl Franz und ich haben noch lange danach darüber gelacht. Ja, er war schon ein Unikum, der Franz, und für jeden Blödsinn zu haben.

Trotzdem, ich habe meine Arbeit als Knecht beim Salfner immer ernst genommen und glaube, sie auch gut und zufriedenstellend verrichtet zu haben. Doch richtig glücklich war ich nicht mit meiner Situation. Die Arbeit machte mir nichts aus, aber als Knecht hatte ich ständig das Gefühl, dass es nicht der richtige Beruf für mich war.

Ich hatte schon einiges erlebt, war in sechs verschiedenen Gemeinden zur Schule gegangen.

Eines Abends setzte ich mich dann unterhalb vom Salfner-Hof im Wald auf einen Stein, schaute in Richtung Meran hinunter und fing an, über mein junges Leben nachzudenken. Mit meinen noch nicht ganz vollendeten 16 Jahren hatte ich schon einiges erlebt, war in sechs verschiedenen Gemeinden zur Schule gegangen und konnte für mein Alter weder richtig schreiben noch lesen und rechnen sowieso nicht. Ich stellte mir immer wieder dieselbe Frage: Bin ich wirklich der Versager, für den mich alle und ganz speziell meine Eltern immer gehalten haben?

Sollte es das jetzt gewesen sein? Auf immer und ewig Knecht auf einem Bauernhof? Sollte ich mich wirklich dem Willen meines Vaters beugen und aus mir einen ewigen Knecht machen zu lassen? Wie sollte ich damit je eine Familie ernähren können?

Und immer wieder kamen mir die Ausführungen des Berufsberaters in den Sinn, sein Ratschlag, doch einen ordentlichen Beruf zu erlernen.

Ich hatte niemanden, keinen einzigen vertrauten Menschen, den ich um Rat fragen konnte. Und das war bitter. Kein Mensch, mit dem man reden konnte, der verstand, in welch misslicher Lage ich mich befand.

Wie beneidete ich meine Cousins, die *Sennegg-Buabn*, um ihre Eltern! Die Basl Liese war eine wunderbare Frau, mit viel Herzlichkeit und Verständnis; sie besaß also jene Eigenschaften, die ich bei meinen Eltern leider stets hatte vermissen müssen. Vor allem hätte ich damals ganz notwendig eine Mutter oder eine Großmutter gebraucht, bei der ich mein Herz hätte ausschütten können. Ich hatte nichts von alldem. Mich hatte mein bisheriges Leben gelehrt: Wenn du ein Problem hast, musst du es selber lösen. Erstens: Du musst wollen. Und zweitens: Du musst imstande sein, eine Veränderung herbeizuführen.

Nun saß ich da, mit Tränen in den Augen, und blickte hinunter nach Meran, wo es inzwischen dunkel geworden war und bereits die ersten Lichter angingen. Ich wusste in diesem Moment wirklich nicht mehr ein noch aus. Ich war wieder einmal auf mich allein gestellt und musste handeln, dringend handeln. Vom Nachbarn, dem Innersalfner, hatte ich gehört, dass im Oberdorf, in der Nähe vom Rodelstein, eine Meraner Baufirma begonnen hatte, neue Häuser zu bauen. Einige Schenner hatten dort Arbeit bekommen, und da musste doch auch etwas für mich dabei sein!

Die Mannschaft am Bau

Kapitel 3

Herr Bacher erklärte mir den Unterschied zwischen einem Quadrat- und einem Kubikmeter, welche Wörter groß- und welche kleingeschrieben werden ...

Gleich am nächsten Morgen packte ich meine sieben Sachen und wurde bei der Baufirma Rufinatscha und Theiner vorstellig. Der Vorarbeiter versicherte mir, dass man mich als *„Hondlonger“* (Hilfsarbeiter) einstellen würde. Voller Begeisterung berichtete ich den Eltern von meinem Arbeitswechsel, doch diese waren alles andere als erfreut über meine vorschnelle Entscheidung. Mein Vater war richtig aufgebracht und betonte immer wieder, dass ein Knecht – wie es alter Brauch war – den *„Schlengglto*g“ einzuhalten und den Arbeitsplatz nicht unterm Jahr zu wechseln habe.

*„Schlengglto*g“ *war der 2. Februar, Maria Lichtmess. Die schlengglnden (schlenkernden) Knechte und Mägde wechselten an diesem Tag ihren Arbeitsplatz vom alten Dienstgeber zum neuen. Dieser Dienstbotenwechsel dauerte vier Tage lang, an denen kaum gearbeitet wurde, weil sie als Bauernfeiertage galten und einer langen, schweren Arbeitszeit bis zum Spätherbst vorangingen.*

Als Knecht hatte man sich an diese Regeln zu halten, galt es doch, sich bei den Bauern einen guten Namen zu machen, denn diese schauten bei der Auswahl ihrer Dienstboten sehr wohl auf deren Verlässlichkeit und guten Ruf. Nur – mein guter Ruf war schon von Kindesbeinen an den Bach hinunter, dafür hatten insbesondere meine Eltern gründlich gesorgt.

Also begann ich am 30. Juli 1963 meine Arbeit als Handlanger bei Rufinatscha und Theiner. Mein erster Arbeitstag verlief nicht unbedingt so, wie ich mir das vorgestellt hatte: Ich durfte nur das machen, was man mir jeweils auftrug. Selbstständiges Arbeiten, so wie ich es gewohnt war, war überhaupt nicht angesagt, nein, im Gegenteil, man ordnete mich einem Maurer zu und nur mit ihm und unter seiner Anleitung war die Arbeit auszuführen. Reden durfte ich auch nur das Nötigste. Vor allem war jedoch das Arbeitstempo – im Vergleich zu dem, was ich bisher gewohnt war – sehr reduziert. Ich bin natürlich zuerst gerannt, wie ich nur konnte, bis man mir erklärte, dass man bei der Arbeit geht und nicht rennt. Diese Arbeit war einfach anders.

Die Lohntüte wurde zu Hause abgegeben.

Aber ich erfasste den Ablauf und sobald ich den Vorgang verstanden hatte, klappte es auf Anhieb. Die Arbeit gefiel mir von Tag zu Tag besser.

Punkt 6 Uhr abends war Feierabend. Das war ein Ding: Feierarbend!!! Das hieß, der Arbeitstag war gelaufen, er war vorbei. Ich brauchte nicht mehr in den Stall und musste auch nicht darauf hoffen, dass irgendwann jemand sagt: „*Bua, iaz loss mr Feirum*“, oder „*Iaz konnsch liegn gian.*“ Nein, um „*Sechse*“ war „aus“.

Nach der Probezeit kam der Chef auf mich zu und erklärte mir, dass er ein Problem habe. Er könne mich nicht als Handlanger, sondern müsse mich als Maurerlehrling anmelden. Das wiederum bedeutete, dass ich in die Berufsschule musste. Das war jetzt ein ernstliches Problem, denn mir war klar, dass ich mit meinen Schulkenntnissen die Berufsschule niemals schaffen konnte. Doch bis zum Schuleintritt war noch etwas Zeit und ich war erst mal froh, dass mir die Arbeit Spaß machte. Bis dahin würde sich schon noch etwas ergeben. Jedenfalls war man mit meiner Arbeit zufrieden, und das tat mir gut. Außerdem betrug mein Verdienst das Vierfache von dem, was ich am Salfner-Hof erhalten hatte. Allerdings musste die Lohntüte nach wie vor zuhause beim Herrn Vater abgegeben werden, schließlich hatten die Eltern mich aufgezogen und da sollte schon irgendwo auch ein Nutzen sein. Trotzdem, in dieser Zeit habe ich mich stark verändert, es war, als ob ich den grauen Mantel der Angst und der Einsamkeit abgelegt und plötzlich ein buntes Gewand, vielleicht farblich noch nicht ganz ausgereift, angezogen hätte. Ich bewegte mich lockerer, war nicht mehr so verkrampft und war sogar für den einen oder anderen Spaß zu haben. Ich hatte auch schon Freunde gefunden, darunter einige italienische Maurer.

Das mit den Italienern war damals nicht ganz einfach. Die Zeit war von einem erdrückenden Zuzug italienischer Arbeitssuchender nach Südtirol gekennzeichnet. Außerdem war an allen Ecken und Enden immer noch der alte faschistische Wunsch nach einer Italienisierung Südtirols zu spüren. Öffentliche Verwaltung, Wohnungsvergabe, Erteilung von Konzessionen und Bewilligungen usw. waren fast ausschließlich in den Händen von Italienern. Dass dies den Südtiroler Landsleuten nicht gefiel, liegt auf der Hand. Zu präsent waren außerdem die Erinnerungen an die 20er und 30er Jahre, als Mussolini die deutschen Schulen abschaffen ließ, Vereine wie Schützen, Musikkapellen und Volkstanzgruppen verbot und sogar die Südtiroler aus dem Land vertreiben wollte.

Ich hatte über die Italiener viel schimpfen gehört und dementsprechend hatte ich auch die Einstellung, dass alles, was italienisch war, nichts Gutes bedeuten konnte. Aber ich wurde eines Besseren belehrt, sowohl im Handwerklichen als auch im Menschlichen. Ich brachte so manchen italienischen Maurer mit meinem fröhlichen, etwas verschmitzten Wesen und vor allem mit meinen lausigen Italienischkenntnissen zum Lachen. Wir haben uns jedenfalls gut zusammengelebt. Natürlich gab es auch hie und da ein paar Unstimmigkeiten und natürlich gab es Leute, mit denen man besser konnte, und solche, mit denen es gar nicht ging.

Der Maestro und der Kamin

Ein italienischer Maurer wurde eingestellt und er gab mir sofort zu verstehen, dass er etwas ganz Besonderes sei und dass ich ihn gefälligst mit „*Maestro*" anzureden hätte. Damit war er bei mir jedenfalls schon mal unten durch und ich entwickelte sofort eine Abneigung gegen ihn. Zu alledem musste ich oft mit ihm zusammen arbeiten und er ließ es mich auch immer wieder spüren, dass ich halt nur ein Lehrling war; kurz gesagt: Ich musste kuschen.

Zu den Arbeitskollegen hatte ich des Öfteren gesagt, irgendwann käme der Zeitpunkt, wo ich es ihm heimzahlen würde, und eines Tages war es dann so weit. Eines Tages wurde er beauftragt, einen Kamin über das noch offene Dach am Rohbau aufzumauern und ihn innen und außen zu verputzen. Das war die Gelegenheit! Ich wusste, dass er Raucher nicht ausstehen konnte, und dementsprechend wusste ich, was zu tun war. Er war ein echter *„pignolo"*. Ich sah ihn oben am Dach mauern und begab mich schnurstracks in den Heizraum, nahm eine blecherne Mörtelkiste, gab etwas Papier von den leeren Zementsäcken und allerhand Teerreste hinein und zündete das Ganze an. Dann stellte ich die Kiste in den Kamin und ließ alles schön brennen. Ich bewegte mich wieder nach draußen, informierte meine Arbeitskollegen und zusammen konnten wir beobachteten, wie der *„Maestro"* oben beim Mauern des Kamins so seine Probleme mit dem immer stärker werdenden Rauch hatte. Er fluchte, was das Zeug hielt, stieg vom Dach und wollte nachschauen, wo denn der Rauch herkam. Ich sauste in den Heizraum und ließ die Mörtelkiste mit dem Feuer sofort verschwinden, sodass unser *„Maestro"* keinen Brandherd finden konnte. Völlig ratlos ging es wieder aufs Dach und kaum war er oben angekommen, stellte ich die Feuerkiste wieder unter den Kamin und heizte meinem Freund wieder so richtig ein. Brüllend vor Zorn wandte er sich direkt an den Vorarbeiter und schilderte ihm das Problem. Da sie aber beide keine Feuerstelle finden konnten, drängte ihn der Vorarbeiter, er möge sich nicht so anstellen und wieder schleunigst an die Arbeit gehen. Ich glaube, er verstand, dass ihn jemand gründlich auf den Arm genommen hatte, nur wusste er nicht, wer es war, und das war gut so. Allmählich ließ dann auch der *„Maestro"* seine arrogante Art weniger deutlich zutage treten, und ich kann mich erinnern, dass er sich relativ schnell auf eine andere Baustelle versetzen ließ.

Zu Hause war's manchmal nicht mehr auszuhalten.

Während es mir auf der Baustelle immer besser ging, lief es zuhause zusehends schlechter. Mein Vater bekam inzwischen seine Rente als Kriegsinvalide und reduzierte folglich das Arbeiten noch stärker. Unterdessen verbrachte er seine

Unser Zuhause – der Florerhof

Freizeit im Wirtshaus oder auf irgendeiner Kegelbahn. Das Schlimme war: Wann immer er zu später Stunde betrunken nach Hause kam, schrie und schimpfte er so laut, brüllte manchmal sogar regelrecht, dass die Nachbarn davon aufwachten. Es dauerte manchmal bis morgens um sechs, bis endlich Ruhe war. Ich musste aufstehen und zur Arbeit gehen und hatte kaum geschlafen. Das mit dem wenig Schlafen hätte ich schon ausgehalten, aber der ständige Suff meines Vater nahm mich doch sehr mit. Es war eine schlimme Sache. Mutter schickte mich oft nach St. Georgen, um Vater nach Hause zu holen. Angesichts der stets beleidigenden und verletzenden Aussagen meines Vater im betrunkenen Zustand schämte ich mich für ihn. Außerdem gelang es mir auch nur äußerst selten, ihn vom Gasthaus hinaus und zur rechten Zeit nach Hause zu bekommen. Diese Art der Freizeitbeschäftigung war mir äußerst zuwider und so bemühte ich mich aus der wenigen Freizeit, die mir damals zur Verfügung stand (in der Firma wurden jeden Tag 10 Stunden gearbeitet, am Samstag 9), etwas Ordentliches zu machen.

Ich suchte krampfhaft nach Freunden.

Krampfhaft versuchte ich, neue Freunde zu gewinnen, denn Kollegen aus der Schule hatte ich ja keine. Allzu viele Möglichkeiten gab es da nicht: Da war einerseits die Katholische Jugend mit dem Penotzer Toni als Vorsitzenden und andererseits die Volksbühne. Theaterspielen, das war schon immer mein Ding, doch zu diesem Zeitpunkt hatte man bereits genügend Spieler, aber immerhin war es mir erlaubt, beim Bühnenbau etwas mitzuhelfen – ein Anfang war gemacht.

Die Berufsschule

Was mir aber nicht mehr aus dem Kopf wollte, war die Berufsschule in Bozen. Der Termin der Einschulung kam immer näher und es musste etwas geschehen, sonst würde ich meinen ersten Job schon nach nicht einmal 7 Monaten wieder los sein. Ich brachte in Erfahrung, dass der Lehrer Bacher Bruno auch einzeln Nachhilfeunterricht gab und so organisierte ich mir dreimal in der Woche nach Feierabend eine Stunde Privatunterricht. Herr Bacher erklärte mir den Unterschied zwischen einem Quadrat- und einem Kubikmeter, welche Wörter groß- und welche kleingeschrieben werden mussten usw., ja sogar Hausaufgaben gab er mir auf. Er gab sich mit mir viel Mühe und baute mich auch moralisch immer wieder auf, wofür ich Herrn Bacher heute noch zu großem Dank verpflichtet bin. Jedenfalls gab er mir das nötige Rüstzeug mit auf den Weg, und so galt: Die Schule in Bozen kann kommen!

Der Monat Februar kam und mit meiner Schultasche und ein paar Habseligkeiten fuhr ich mit dem Bus nach Bozen. Ich war im Lehrlingsheim St.

Josef in Haslach eingeschrieben. Im Heim angekommen, wurde ich gleich von Kaplan Außerer eingewiesen.

Das Heim war für mich wie ein 4-Sterne-Hotel.
Das Lehrlingsheim wirkte auf mich sehr vornehm, mit seinem großem Speisesaal, den schönen Zimmern mit je fünf Betten und etwas mir bis dahin völlig Unbekanntem: einem Duschraum mit Waschbecken und Kalt-/Warmwasser.

Zuhause beim Flarerhof hatten wir diesen Komfort nicht, da war alles äußerst dürftig. Zum Schlafen lag man auf Strohsäcken in einer Kammer. Im Winter war es eisig kalt und einzig die Küche war geheizt. Das Klo befand sich draußen am Balkon, ein Bad gab es nicht und fließendes Wasser schon gar nicht.

Das Wohnen im Heim war für mich der pure Luxus. Es war einfach schön, und vor allem konnte ich die ganze Nacht durchschlafen. Um 22:00 Uhr war absolute Bettruhe und das bedeutete, dass niemand um Mitternacht betrunken aus dem Gasthaus kam, mit anschließendem Rambazamba bis in die

Glaube an dich!
Niemand wird an dich glauben, wenn du nicht selbst an dich glaubst. Der Erfolg kommt zu dem, der an ihn glaubt.
J. Todenhöfer

Berufsschule Bozen (1963)

Morgenstunden. Das Essen war auch gut und ich genoss das geregelte Leben im Heim.

Frühstück, Mittagessen und sogar Abendessen zu einer bestimmten Zeit war für mich einfach nur beeindruckend. Probleme bereitete mir lediglich das Bettenmachen. Wir hatten braune Decken mit weißer Inschrift „St. Josef" und der verflixte Josef musste genau in einer Linie sein, sonst flogen die Decken bei der Inspektion wieder raus. Am Wochenende fuhren fast alle Heiminsassen nach Hause, ich aber zog es etliche Male vor, im Heim zu bleiben, für mich war es dort einfach zu schön.

In der Schule, die im Messegebäude untergebracht war, hatte alles seine strenge Einteilung und lief nach einem vorgeschriebenen Ablauf ab. Wir waren insgesamt 36 Schüler und viele von meinen Kollegen hatten einen Mittelschulabschluss. Es ging zügig voran mit dem Lehrstoff und es war für mich, gerade am Anfang, nicht ganz einfach, zu folgen. Es war halt alles neu für mich. Begriffe und Funktionen, die für andere selbstverständlich waren, musste man mir erst erklären bzw. musste ich erst erlernen. Meine Mitschüler unterstützten mich bei den Hausaufgaben tatkräftig, und dank der Nachhilfestunden bei Herrn Bacher konnte ich auch bei den Tests positiv abschneiden. Die drei Monate in der Berufsschule vergingen wie im Fluge und mit einem positiven Zeugnis kehrte ich wieder nach Schenna zurück.

Die untere Schneeberg-Almhütte

Vater war im Sommer am Schneeberg. Am Wochenende musste ich Lebensmittel liefern.

In Schenna verlief alles in seinem alten Trott und ich bekam wieder Arbeit bei der Baufirma Rufinatscha und Theiner.

Mein Vater hatte im Sommer wieder eine Alm gepachtet und mich brachte man bei der Basl Zenze (Mutters Schwester) beim Trittgassl in einem kleinen Zimmer unter dem Dach unter.

Vater kaufte mir eine kleine 50er-Vespa, dafür sollte ich an den Wochenenden Lebensmittel einkaufen und sie auf den unteren Schneeberg im Passeiertal bringen.

Mit Anzug und Kravatte am Bau

Am Bau verlief eigentlich alles ruhig und zufriedenstellend. Wie schon erwähnt, verstand ich mich gut mit meinen Arbeitskollegen, egal ob Italiener oder Deutsche. Wir waren insgesamt 8 Mitarbeiter auf einem Rohbau und einer fiel mir dabei besonders auf. Ein italienischer Maurer kam immer mit Anzug und Krawatte zur Arbeit. Schön vorsichtig zog er ihn jedes Mal aus und hängte ihn säuberlich mit Kleiderhaken an seinem Platz in der Baracke auf. Dass jemand im Anzug zur Arbeit am Bau kam, erschien mir schon etwas eigenartig und so kam mir eine passende Idee für eine allgemeine Belustigung. Ich nahm die Jacke mit Hose und Hemd und auch die Krawatte vom Kleiderbügel und formte aus jedem Kleidungsstück einen Knäuel. Dafür verwendete ich einen Bindedraht, mit dem ich die „zusammen*gewurschtelten*“ Teile fest umschnürte. Alles wurde wieder an den Kleiderbügel gehängt und kam an seinen ursprünglichen Platz. Damit auch wirklich alle etwas von meinem kleinen Streich mitbekamen, hatte ich sämtliche Mitarbeiter vorher verständigt und ihnen gesagt, sie sollten möglichst vollzählig in der Baracke sein, wenn Azzolini zum Umziehen schreiten würde. Die Kollegen staunten nicht schlecht, als sie vier verschieden große Kleidungskugeln, verschnürt mit Draht, an seinem Platz hängen sahen. Plötzlich ging die Tür auf und Azzolini kam herein, zog seinen Toni aus und griff nach seinen Kleidern. Wie versteinert sah er die vier Kugeln vor sich. Ein Riesengelächter ging durch die Baracke und man hörte nur noch: „*Voccia*“ (damit war ich gemeint, denn es war nicht schwer zu erraten, wer das angestellt hatte). Das war nun der geeignete Zeitpunkt, die Füße in die Hand zu nehmen und abzuhauen. Ich lief, was ich konnte, und Azzolini hinterher, in Unterhosen. Man kann sich die Gaudi der anderen vorstellen, zuzusehen, wie er nach und nach aufholte und mich schließlich erwischte. Er packte mich und ich musste seine Kleidungsstücke wieder von dem Drahtgewinde befreien.

Das Schönste an der ganzen Geschichte war der Moment, als Azzolini in seinem heillos zerknitterten Anzug dastand und aussah, als wäre er in einen Stromkreis geraten. Ein Bild für Götter!

Das Pünktchen auf dem I war dabei die Krawatte, die im Zick-Zack-Stil seitwärts nach links abfiel.

Mutter war besorgt um den Vater.

Auch dieser Sommer verging und der Alltag holte uns wieder ein. Mit Vater ging es mal besser, mal schlechter, aber im Grunde hatte alles seinen Rhythmus. Nur im Winter war Mutter immer wieder besorgt, wenn er nicht nach Hause kam. Sie weckte mich dann mitten in der Nacht und gemeinsam machten wir uns mit einer Taschenlampe auf die Suche. Speziell das Stafertal hatte es in sich: So einige Male fanden wir Vater dort; eingeschlafen oder ausgerutscht, kam er aus eigener Kraft nicht mehr weiter und wäre ohne unsere Hilfe höchstwahrscheinlich erfroren. Mühselig brachten wir ihn mit vereinten Kräften heim, wo er dann, in der warmen Küche und wieder bei Kräften, bis zum Morgen randalierte. Es war nichts Ungewöhnliches, wenn ich dann am Morgen mit einem blauen Auge dastand, denn mein Vater war im betrunkenen Zustand nicht besonders zimperlich.

Ich war mit Leib und Seele Handwerker.

Den Halt, den ich brauchte, fand ich in der Arbeit. Das Handwerk war eindeutig mein Ding, und mit meinen Mitarbeitern kam ich gut zurecht. Ich begann auch wieder Nachhilfestunden beim Lehrer Bacher zu nehmen, um mich auf die zweite Klasse Berufsschule vorzubereiten. Nachdem die

Neubauten in Schenna abgeschlossen waren, verlagerte sich die Arbeit in die Umgebung von Meran.

Ich wollte ins Ausland gehen ...

In dieser Zeit beschäftigte ich mich öfters mit dem Gedanken, ins Ausland nach Deutschland bzw. in die Schweiz zu gehen. Freunde hatten mir erzählt, man könne da mehr Geld verdienen und einiges dazulernen. Doch in Anbetracht meiner Situation daheim und der Tatsache, dass ich meine Mutter nicht alleinlassen wollte und konnte (war ich doch ihre einzige Stütze, gerade im Winter, wenn Vater betrunken oder gar nicht nach Hause kam), entschied ich mich, nicht nach München zu gehen, obwohl es dafür ein Angebot gab.

Schließlich schloss ich die dritte Klasse der Berufsschule mit gutem Erfolg ab, nicht zuletzt, da ich das Glück hatte, einen Mitschüler im Zimmer zu haben, der es verstand, mit mir zu lernen, sodass auch ich es verstand, und das hatte

B.H.W.-Schüler mit Professor Kastowsky – ganz rechts

Theaterspielen: Der Hunderter im Westentaschl

sich auf meine Noten sehr positiv ausgewirkt. Ich war natürlich mächtig stolz auf mein Zeugnis. Daraufhin ließ ich mich sofort in die weiterführende Bauhandwerkerschule B.H.W. einschreiben. Sie sollte drei Jahre dauern, mit jeweils sechs Monaten Schulunterricht und sechs Monaten Praxis am Bau. Das gefiel meinem Herrn Vater natürlich überhaupt nicht, denn zur Schule zu gehen war für ihn sowieso verlorene Zeit und außerdem würde ich, mit nur sechs Monaten Arbeitszeit, nur die Hälfte Geld verdienen und ich musste ja mein gesamtes Geld immer noch zu Hause abgeben. Kurz gesagt, bedeutete das, dass ich mal wieder auf mich allein gestellt war. Doch ich war in der Zwischenzeit selbstbewusster geworden und war nicht davon abzubringen, die B.H.W. zu machen und sie auch erfolgreich abzuschließen.

Mittlerweile war ich Geselle. Vater und Mutter waren in den Sommermonaten wieder am Schneeberg, und ich zog es des Öfteren vor, in meiner Freizeit eine Bergtour zu unternehmen, anstatt jedes Wochenende mit der Vespa voll mit Lebensmitteln in das Passeiertal zu fahren. Mit dem Theaterspielen ging es auch voran. Ich war nicht mehr „nur" für den Bühnenbau zuständig, sondern durfte bereits kleine Nebenrollen spielen. Dafür nahm ich auch in Kauf, für die Proben eigens mit meiner 50er-Vespa von Bozen nach Schenna zu fahren. Ich nahm jede Probe sehr ernst und war auch immer pünktlich. Wir hatten schon eine richtige Clique beisammen.

Auch in der Jugendgruppe von Schenna kam ich gut zurecht, nahm an den Ausflügen teil und versuchte, mich so viel wie möglich einzubringen. Und so kam es dann auch, dass ich mit einigen eine echte Freundschaft aufbaute.

Unser neues Zuhause – Friedheim

Ich finanzierte mir meine Schule selbst.

In der Zwischenzeit übersiedelten wir wieder einmal; unser neues Zuhause war das Friedheim neben der Bäckerei. Es handelte sich um eine alte, armselige Behausung, allerdings gab es fließendes Wasser in der Küche, das Klo lag am Balkon und Bad gab es keines.

Mit meiner Arbeit bei der Firma Theiner finanzierte ich mir den Besuch der Bauhandwerkerschule. Das war gar nicht so einfach, denn ich musste das Heim selber bezahlen, und die sechs Monate von November bis April waren eine lange Zeit. Ich war leider nicht mehr im Lehrlingsheim St. Josef untergekommen, da dies nur für Lehrlinge vorgesehen war. Stattdessen fand ich in der Nähe des Bozner Kapuzinerklosters in einem sehr alten Heim eine Bleibe. Das Essen war dürftig und der Hunger groß. Ich kann mich gut daran erinnern, wie wir abends oft eine Runde Richtung Lauben machten; da war eine Würstelbude und in der ganzen Umgebung duftete es verdammt gut. Ich hatte fast kein Geld und so zog ich es meistens vor, einen großen Bogen um das Würstlstandl zu machen, um nicht dermaßen in Versuchung zu kommen.

In der Schule ging es zügig voran. Mit harten Tests, manchmal waren es drei in der Woche, wurden wir zum Lernen gezwungen, und wenn ein Test negativ ausfiel, galt es diesen Patzer sofort wieder mit guten Leistungen auszugleichen. Jedenfalls beendete ich das erste Schuljahr in der B.H.W. mit gutem Erfolg und das tat meiner Psyche sehr gut. Ich wurde reifer, sah über meine Nasenspitze hinaus, und das war gut so.

Ich habe es zum Vorarbeiter gebracht.

Nach Hause gekommen, nahm ich sofort wieder die Arbeit bei meinem Chef, Herrn Theiner, auf und wurde sogar als Vorarbeiter auf die nächste Baustelle geschickt.

Nur zuhause ging es immer schlechter. Vater gab sich dem Suff vollkommen hin und Mutter ignorierte diesen erbärmlichen Zustand und versuchte sich, so gut es eben ging, durchs Leben zu wurschteln. Wenn ich mich bei meiner Mutter darüber beklagte oder sagte, ich würde mir die ständigen Beschimpfungen meines Vaters wie „*… du lausiger Rotzer*“ oder „*… du schworzer Hund*“ nicht mehr gefallen lassen, meinte sie nur: „*… in Frieden ze liab muesch lei stille sein.*“

Grundankauf

Meine Gedanken gingen immer mehr in die Richtung, einmal ein eigenes Haus zu besitzen, meine eigenen vier Wände auf einem Grundstück, der nur mir allein gehörte. Einmal ein paar Quadratmeter Grund besitzen für ein eigenes Heim, ja das war mein Traum.

Und so kam es, dass mein Vater 1968 vom Lechner-Hof ein Grundstück von ungefähr tausend Quadratmetern kaufte. Voller Hoffnung machte ich mich ans Werk, einen Plan zu erstellen. Es war nämlich geplant, ein Zweifamilienhaus zu bauen mit einer Bleibe für meine Eltern und einem eigenen Stock für mich.

Nichts wünschte ich mir sehnlicher, als eine eigene Wohnung zu haben, und vielleicht würde ja mit der neuen Aufgabe auch das Alkoholproblem meines Vaters in den Hintergrund treten. Auf jeden Fall hatte ich jetzt auch eine festes Ziel, was die Familie betraf, und das beflügelte mich.

In der dritten Klasse der B.H.W.-Schule kam ich mit dem Lehrstoff sehr gut zurecht. Vor allem in den Hauptfächern Statik, Baustoffkunde und Bauzeichnen kam ich gut voran, mit dem Resultat, dass ich die Bauhandwerkerschule mit sehr gutem Erfolg als drittbester Schüler meines Jahrgangs beendete. Ich hielt nun ein Diplom als Bauassistent in der Hand und war mächtig stolz auf mich.

Ich arbeitete als Technischer Zeichner.

Ich hatte mir ein Ziel gesetzt und dieses mit viel Anstrengung und Entbehrungen, aus eigener Tasche finanziert, mit Erfolg erreicht. Es wurde mir eine Anstellung als Technischer Zeichner in Aussicht gestellt, allerdings fehlte mir dazu noch der Mittelschulabschluss. Ein Professor bemühte sich um das Gesuch, die Prüfung privat nachholen zu dürfen, und so bekam ich am 10. September 1968 auch noch das Mittelschuldiplom überreicht. Einer Anstellung als Technischer Zeichner bei der Firma Degror in Meran stand nun nichts mehr im Wege. Mit meinem neuen Vorgesetzten, Herrn Geometer Decembrini, zeichneten wir vorwiegend landwirtschaftliche Gebäude mit automatischen Entmistungen, Lüftungen und dgl. Wir planten für Bauern in Südtirol, aber auch Großprojekte in Italien wie z.B. in Trient und in der Lombardei.

Ich zeichnete den Plan für unser Haus.

In der Zwischenzeit hatte ich den Plan unseres Zweifamilienhauses verfeinert, und er wurde schließlich 1969 – mit der Unterschrift von Geometer Decembrini – auch genehmigt. Meinem nächsten Ziel, nämlich dem eines Eigenheims für mich und meine Eltern, war ich damit einen Schritt näher gekommen, doch bis zur Erreichung dieses Ziels sollte noch einiges geschehen.

Ich wurde Mitglied beim Rettungsdienst Weißes Kreuz.

Ein einschneidendes Erlebnis war für mich ohne Zweifel ein Unfall beim *Hoslerbuschn.* Dabei prallte ein Vespa-Fahrer direkt in einen entgegenkommenden PKW, der die Saltnerkurve geschnitten hatte, und zog er sich lebensgefährliche Kopfverletzungen zu.

Wir waren gerade dabei, beim *Hoslerbuschn* einen Transformator aufzustellen und hatten das Geschehen beobachtet. Schnell eilten wir zum Unfallort und sahen den Schwerverletzten da liegen. Wir wussten alle nicht so richtig, was zu tun war, auf jeden Fall musste er so schnell wie möglich ins Krankenhaus. Wir richteten ihn auf und brachten ihn ins Böhler-Unfallkrankenhaus. Es dauerte nicht lange und man benachrichtigte uns, dass der Mann gestorben war.

Beim Rettungsdienst Weisses Kreuz Meran

Die Tatsache, zu sehen, wie andere Menschen verletzt sind, leiden müssen, und man kann ihnen nicht helfen, ließ mir keine Ruhe und so beschloss ich dieser Ohnmacht entgegenzuwirken, wurde Mitglied beim Weißen Kreuz und besuchte einen Erste-Hilfe-Kurs. Es dauerte nicht lange und ich durfte auch schon mit der Ambulanz mitfahren. Unsere Zentrale war damals in der Meinhardstraße in Meran. Wir hatten zwei Einsatzfahrzeuge und waren vierzehn Freiwillige. Eine Nacht pro Woche hatte ich immer Dienst. Wir waren zu dritt oder zu viert und da wir in der damaligen Zeit noch über keinen Funk und kein

Autotelefon verfügten, musste einer immer in der Zentrale bleiben. Die Zeit beim Weißen Kreuz hat mich stark geprägt. Hautnah erlebte man die brutalsten Unfälle auf der Straße mit, aber auch Streitigkeiten, in die man automatisch miteinbezogen wurde, und Familientragödien mit meist bitterem Ausgang. Auf jeden Fall machte ich die Erfahrung, dass es nicht nur körperliche Verletzungen gab, die es zu versorgen galt, da waren vielfach auch große seelische Verletzungen und die konnte und kann man eben nicht so einfach mit einem Erste-Hilfe-Kurs behandeln. Was mir besonders auffiel, war die Tatsache, dass Alkohol in den meisten Fällen der Auslöser, nicht nur für Unfälle auf der Straße, sondern vor allem auch bei Aggressionen und Depressionen war. Meine zwei Freunde, Peppi und Gert, und ich waren übrigens ein starkes Team; wir versuchten unsere Sache so gut wie möglich zu machen und konnten so manchem das Leben retten. Im Jahr 1969 hatten wir in Meran insgesamt 2.546 Einsätze und wir waren mächtig stolz darauf.

„Leiste Wertvolles in deinem Leben, nicht nur für dich, sondern auch für andere! Lass die Erde reicher zurück, als du sie vorgefunden hast. Mach etwas aus deinen Talenten und teile dein Glück.“
J. Todenhöfer

Dem Vater widersprochen ... und ich war vor der Tür.

Doch wie schon so oft in meinem Leben dauerte diese Phase, in der es mir gut, ja sogar sehr gut ging, nicht lange. An einem Sonntag kam mein Vater ganz wütend nach Hause, schimpfte über Gott und die Welt. Angeblich hatte ihn jemand beim „*Michelewirt*“ (heutiger Schennerhof) beleidigt. Ich saß gerade in der Stube und sagte vorerst einmal gar nichts. In dieser Situation wäre es sowieso egal gewesen, ob ich etwas dazu sagte oder nicht. Ich konnte tun und lassen, was ich wollte, es war sowieso nie recht. Schließlich kam es aber, wie es immer kommen musste: Mein Vater begann über mich zu schimpfen. Er meinte, ich solle ihm gefälligst dankbar sein, denn er hätte es ermöglicht, dass ich so lange zur Schule gehen konnte, ja sogar studieren konnte, und er hätte das alles bezahlen müssen. Damit brachte er bei mir das Fass endgültig zum Überlaufen, ich sah in diesem Moment buchstäblich rot. „DU hast mir gar nichts bezahlt, überhaupt nichts. ICH habe mir das Heim und die Schulsachen und sogar mein Gewand die ganzen Jahre SELBER bezahlt. DU hast mich lediglich in die Welt gesetzt. Mehr hast DU nicht getan, außer mich bei jeder sich bietenden Gelegenheit zu verprügeln wie einen lausigen Hund.“ Das war zu viel.

Dem eigenen Vater zu widersprechen, dazu noch mit der Anschuldigung, er habe seine väterlichen Pflichten nicht erfüllt. Nein – so etwas konnte es bei uns nicht geben. Nicht mit dem Pixner Karl. Innerhalb 2 Minuten war ich mit einer Handvoll Habseligkeiten vor der Tür, und das um halb zwölf Uhr in der Nacht. Und da war er wieder, der bekannte rote Faden.

Das Kolping-Haus wurde mein neues Zuhause.

Immer, wenn es den Anschein hatte, in meinem Leben würde es endlich aufwärts gehen, kam auch schon der entsprechende Rückschlag. Nun war ich völlig auf mich allein gestellt und das ganz ohne Zuhause, ein Obdachloser. Ohne den Ernst der Lage erfassen zu können, fuhr ich zunächst einmal nach Meran zum Rettungsdienst Weißes Kreuz, legte mich auf den Boden in eine Ecke und versuchte erst mal die Nacht zu überbrücken. In so einer Nacht schläft man nicht besonders gut, und immer wieder, wenn ich aufwachte, dachte ich: Das kann doch alles nicht wahr sein.

> „Gib niemals auf!
> Lerne Niederlagen und Armut zu ertragen, so schwer das manchmal ist. Schläge und Dreck ins Gesicht zu kriegen, gehört zum Leben. Du bist nie verloren. Es gibt immer einen Ausweg aus dem Dunkel.“
> J. Todenhöfer

Als ich mir am Morgen meiner Lage voll bewusst war, machte ich mich schon früh auf die Socken, eine Bleibe zu finden. Ich ging in Richtung Pfarrplatz zum Kolpinghaus. Franz Augschöll, der Leiter, versicherte mir, dass in 8 Tagen ein Bett frei würde. Ich erledigte die Formalitäten und musste erst einmal die nächsten Tage irgendwie überbrücken. Es blieb mir nichts anderes übrig, als mich für die gesamte Zeit zum Dienst beim Weißen Kreuz einzuschreiben. Es folgte die härteste Woche in meinem ganzen Leben. Bei Tag musste ich in der Firma meinen Mann stehen, wo ich noch immer in Probezeit war und mir wirklich keine Fehler leisten konnte und wollte. In der

Nacht hatten wir genau zu dieser Zeit bis zu vier und mehr Einsätze. Meistens schlief ich nur eine oder zwei Stunden, und das eine ganze Woche lang! Das Sprichwort „Was dich nicht umbringt, macht dich härter" hat sich damals für mich voll bewahrheitet. Das Bewusstsein, diese harte Woche geschafft zu haben, gab mir neuen Mut für die Zukunft.

Einmal kehrte ich noch in mein altes Zuhause zurück, um den Rest meiner Habseligkeiten abzuholen. Wie versteinert starrten mich meine Eltern an, doch gefragt hat mich keiner, wie es mir geht oder wo ich wohne. Das war mir in diesem Moment auch egal.

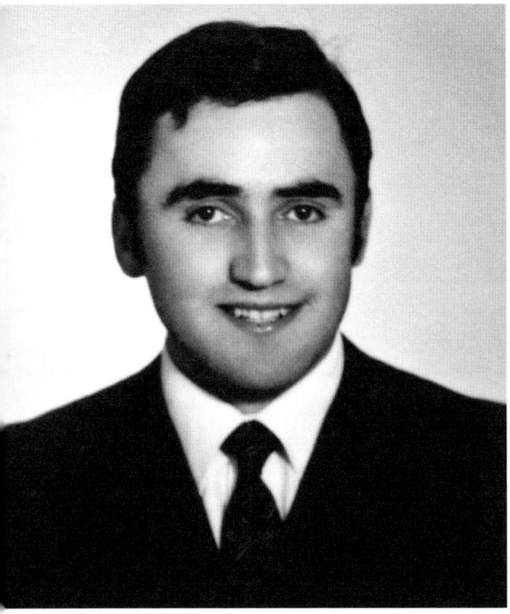
Emil Egger

Mit Freude stellte ich dann fest, dass mein Zimmergenosse im Kolpinghaus der Egger Emil war, ein Schulkollege von der Berufsschule.

Wir hatten einander lange nicht mehr gesehen und hatten uns natürlich viel zu erzählen. Er kam aus Laurein, sein Vater besaß einen Bauernhof und er hatte viele Geschwister. Er erzählte viel von seiner Familie und für mich war es schön zu hören, dass es auch intakte Familien gab. Ehrlich gesagt beneidete ich ihn darum.

Ich hatte immer Hunger.

Das Leben im Kolpingheim war eher bescheiden. Das Frühstück machte ich mir selber, und es war denkbar karg: Auf einem kleinen Kocher wurde die Milch warm gemacht und manchmal gab es dazu ein Stück Brot – das war's. Lediglich zweimal in der Woche hatten wir am Abend warmes Wasser zum Duschen. Mittags ging ich in die Ausspeisung nahe dem Meraner Widum, das

Essen kostete dort nur 250 Lire und besser als nichts war es allemal. Trotzdem, ich muss zugeben, ich hatte immer Hunger.

Den Kontakt zur Schenner Jugend hatte ich nie aufgegeben und so ergab sich manchmal die Gelegenheit, beim „Weinmesser" den Rasen zu mähen oder das Schwimmbad sauberzumachen. Dafür wurde ich zum Abendessen eingeladen, was ich natürlich gerne annahm. Einmal so richtig gut essen, das war schon etwas Besonderes. Mein Gehalt bei der Firma Degror war sehr bescheiden, wenn man bedenkt, dass ich für die Unterkunft im Kolpinghaus 31.000 Lire im Monat bezahlte und auf der anderen Seite nur 72.000 Lire verdiente. Da blieb nicht viel übrig am Ende des Monats. Damit ich mich einigermaßen über Wasser halten konnte, nutzte ich jede sich bietende Gelegenheit, eine zusätzliche Arbeit anzunehmen, Hauptsache, es sprang etwas dabei heraus. Ich war nicht reich und über die momentane Situation nicht unbedingt glücklich, aber ich war zufrieden. Zufrieden mit mir und der Welt.

Jugendausflug Seiser Alm

Kapitel 4

Ich versuchte den Alltag zu vergessen, indem ich mich in Gefahr begab: in senkrecht abfallende Wände, überhängende Kletterrouten und Touren, die mir oft das Letzte abverlangten.

Blick in mein Zimmer im Kolpingheim

Im Rahmen von Jugendausflügen oder zusammen mit meinem Freund Karl Unterthurner machte ich in den Jahren 1965 – 1968 einige Bergtouren: Darunter die Dreitausender der Texelgruppe, Tschigat, Lodner, Hohe Wilde und Hohe Weiße, den Sonnenaufgang am Ifinger und Laugen und den Similaun. Dabei entdeckte ich in mir eine neue Leidenschaft: das Bergsteigen. Ich konnte an nur einem Tag mir und – vor allem – anderen beweisen, dass ich, der Tscholl Ander, auf den sie mit Fingern gezeigt hatten, mit meinen eigenen Kräften etwas zu leisten imstande war, was viele andere nie im Leben erreichen konnten.

Die Arbeit als Technischer Zeichner war für mich inzwischen zur Routine geworden und so beschäftigte mich von nun an ernstlich nur noch eines: Auf welchen Berg geht es am nächsten Sonntag? Ja, ich war regelrecht besessen vom Gedanken, wieder auf einem Gipfel zu sitzen. Dieses unbeschreibliche Gefühl von

Im Pfossental

Freiheit und Unbekümmertheit wollte mir nicht mehr aus dem Kopf gehen.

Urlaub – und kein Geld

Am meisten freute ich mich natürlich auf meinen Urlaub, hatte aber kein Geld, irgendwohin zu fahren. So ergab es sich, dass ich zusammen mit dem Gassbauern Karl für einige Tage zum Eishof ins Pfossental ging, um den Leuten dort bei der Heuernte zu helfen. Der Eishof und das Pfossental waren mir aus der Zeit in Karthaus noch bestens bekannt. Wir hatten unsere Kühe dort aufgetrieben und schon damals bewunderte ich die umgebende imposante Bergwelt. Karls Chef war Mitbesitzer des Eishofs und dort konnte man jede helfende Hand gut gebrauchen. Vormittags brachen wir frühmorgens auf, um die hohen Gipfel der Texelgruppe zu erklimmen, und nachmittags mussten wir dann beim Einbringen des Heus tatkräftig mithelfen.

„Lache aus ganzem Herzen! Vor allem über dich selbst, denn Humor heilt die meisten Krankheiten und hilft dir über den Alltag“
A.T.

Der Eishof brannte im Winter 1973 vollständig ab.

Bei der Heuarbeit – Eishof im Pfossental

Beim Abendessen im Eishof

Während der Arbeit freute man sich schon auf den Abend, denn da hatten wir stets eine richtige Gaudi. Es gab gute Kost und das war für mich schon mal ganz wichtig. Ich kann mich an keinen anderen Fall erinnern, im Urlaub gearbeitet und trotzdem so einen Riesenspaß gehabt zu haben.

Begegnung mit Heini Holzer, meinem Bruder im Geiste.

Eines Tages begegnete ich Heini Holzer, er war gerade mit dem Fahrrad unterwegs. Wir kannten uns von früher, als unsere beiden Familien im Fineletal in Riffian wohnten. Er sprach mich an und sagte, er habe von mir gehört, dass ich ziemlich viel in den Bergen unterwegs sei, und erzählte mir von seinen gewaltigen Klettertouren. Ich war schwer beeindruckt von seinen Leistungen.

Eine Woche später trafen wir uns wieder; es bahnte sich eine echte Freundschaft an. Ich hatte Heini Holzer damals im Fineletal in der wohl schwierigsten Zeit meines Lebens kennengelernt. Auch er hatte eine ähnlich schlimme Kindheit und wir teilten in so manchem, gerade was die Familie betrifft, unser Schicksal, umso besser verstanden wir einander. Heini war mir damals in allem, insbesondere aber in zwei wesentlichen Punkten voraus. Zum einen war er schon verheiratet, mit Erika, einer sehr netten und verständnisvollen Frau. Zum anderen hatte er eine kleine Wohnung im Parterre im Haus Rosenheim im Oberdorf von Schenna. Kurz gesagt, er hatte eine Familie und ein eigenes Zuhause.

Was das Bergsteigen anbelangt, war Heini wohl einer der Weltbesten. Er war in jeder Hinsicht ein Vorbild für mich. Ich spürte, dass da jemand war, an dem ich mich festhalten konnte. Ich hatte in ihm einen Berater gefunden, ja ich möchte sagen, dass ich zum ersten Mal im Leben einen „größeren" Bruder hatte.

Heini Holzer war von Beruf Kaminkehrer und eine der wohl schillerndsten Figuren im Südtiroler Alpinismus. Er war in Schenna, am Schennerberg, aufgewachsen und verbrachte wohl jede freie Minute in seinem Leben in den Bergen bzw. verwendete sie für die Berge. Heini Holzer war ein außergewöhnlicher Mensch: klein von Statur, aber mit einem unbändigen Willen und einem Kämpferherzen ausgestattet. Bekannt geworden ist er durch seine Fels- und

Heini und Erika Holzer

Eiskletterei in den höchsten Schwierigkeitsgraden und natürlich durch seine über 100 Steilwandabfahrten. Viel zu jung, im 32. Lebensjahr, stürzte Heini Holzer am 4. Juli 1977 an der Nordostwand des Piz Roseg ab und kam dabei ums Leben.
Er war ein Alleingänger und wenn er zusammen mit einem Kameraden in den Berg stieg, hatte er hohe Ansprüche: „Mein Idealseilgefährte ist naturverbunden. Ihm liegt Fels und Eis, er kann in allen Schneearten sicher Ski fahren, auch in jedem Gelände, er übernimmt im Notfall die Führung, ist ebenso imstande, Erste Hilfe zu leisten, hat hundertprozentiges Vertrauen zu mir, wie ich zu ihm. Er ist äußerst stark an Kondition. Zu allen diesen Voraussetzungen ist er bescheiden."

Ich war nicht wenig überrascht, als er mich zu seiner nächsten Bergtour im Oktober einlud. Heini Holzer war bekannt für seine Alleingänge und wenn er schon mal einen Partner dabeihatte, musste dieser hohe Ansprüche erfüllen. Ich glaube, er hatte aus unseren Gesprächen und vor allem dadurch, dass wir beide in ärmlichsten Verhältnissen aufgewachsen waren, gemerkt, dass er in mir einen verlässlichen und guten Partner gefunden hatte. Auf jeden Fall freute ich mich schon sehr darüber, mit Heini Holzer die 2. Begehung des westlichen Meisolesturmes, 2350 m, am Grödner Joch zu wagen.

30. August 1969: Rotwand/Rosengarten, 2806 m, mit Hans Pescoller

Irgendwie ergab es sich, dass ich Kontakt mit Hans Pescoller in Burgstall aufnahm. Wir planten eine Klettertour in der Rosengarten-Rotwand (2806 m). Heini kannte Hans und er erklärte mir die Tour, denn es war für mich die erste wirklich schwierige Klettertour (mit Schwierigkeitsgrad IV), und da konnte ich jeden Ratschlag gut gebrauchen.

Klettern ist kein Spiel mit dem Leben, sondern mit den Bergen.
Heini Holzer

Der 30. August 1969 rückte immer näher. Tags zuvor fuhren wir bei schönem Wetter um 16:00 Uhr in Burgstall mit der Vespa los und waren um 17:30 Uhr

Die Rotwand weist einen Höhenunterschied von ca. 350 m auf. Wir benötigten 8 Seillängen von Schwierigkeitsgrad III bis IV+.

auf der Paulina-Hütte (2209 m). Dort trafen wir Heini Holzer, der gerade im Alleingang die Konzill gemacht hatte.

Man wechselte also ein paar Worte und Heini war schon wieder verschwunden. Er fuhr am gleichen Abend noch nach Hause. Hans und ich übernachteten auf der Paulina-Hütte. Um 7 Uhr früh am nächsten Tag standen wir auf. Es war kein besonders schöner Morgen und es deutete alles auf Regen hin.

Mein Helm klemmte fest im Kamin, es ging nichts mehr ...

Doch wir waren nun schon mal da und so stiegen wir um 8 Uhr in die Wand ein. Die ersten zwei Seillängen führte Hans, die restlichen 6 führte ich. Das Wetter verschlechterte sich zusehends. Die Rotwand ist überhängig und somit machte uns der Regen nichts aus. Im oberen Teil war ein Kamin zu durchsteigen, der immer enger wurde. Plötzlich merkte ich, dass nichts mehr ging und spürte, dass mein Helm festklemmte. Ich musste ihn ausziehen, sonst hätte ich ihn da niemals mehr herausbekommen. Es war nicht ganz einfach und mein Puls raste wie eine Nähmaschine. Zu alledem fing es dann auch noch an, so richtig zu schütten. Ich fluchte erst mal leise und sagte dann zu mir selbst: „Wenn du da nochmals heil herauskommst, gehst du nie wieder klettern!"

Es ging schlussendlich alles gut und um 12:30 Uhr konnten wir uns am Gipfel mit einem kräftigen „BERG HEIL" die Hände schütteln; das leise Fluchen und mein privates Gelübde hatte ich da schon vergessen.

Bei der Schwierigkeitsbewertung unterscheidet man grundsätzlich zwischen freier und künstlicher Kletterei. Das Freiklettern bedeutet, dass ausschließlich die natürliche Felsoberfläche zur Fortbewegung benützt wird, Haken, Keile, Schlingen und andere Hilfsmittel werden nur zur Sicherung verwendet. Der Grad wird mit römischen Ziffern unterschieden, wobei ein Minus die untere und ein Plus die obere Grenze bedeutet:

III SCHWIERIG: Dieses Gelände erfordert eine gewisse Technik und Erfahrung. Einwandfreie Seilbedienung ist erforderlich. Geübte Kletterer können noch ohne Seilsicherung klettern.
IV BESONDERS SCHWIERIG: Je nach dem Können des Einzelnen werden besonders für Sicherungen Haken und Karabiner benötigt
V ÜBERAUS SCHWIERIG: Nur echten Könnern vorbehalten. Für die Sicherung werden Hilfsmittel verwendet. Eine zunehmende Anzahl an Zwischensicherungen ist die Regel.
VI ÄUSSERST SCHWIERIG: Ausgefeilte Klettertechnik und viel Erfahrung erlauben Spitzenkönnern ein sicheres Klettern an der Grenze des Möglichen.

Die Rotwand war für mich ein sehr schönes Erlebnis, und eines habe ich dabei gelernt: Dass Bergsteigen und das tägliche Leben etwas gemeinsam haben, nämlich das „Durchhalten". Es gibt nicht immer ein Zurück, wie auch in der überhängenden Rotwand, denn falls du dich nach unten abseilen willst, hängst du draußen in der Wand, wie eine Spinne. Da gibt's nur eins: Hinauf zum Gipfel! Wie im Leben auch.

Wir stiegen über den Normalweg ab und fuhren mit der Vespa wieder Richtung Burgstall bzw. Meran.

Mein Humor half mit dabei, meinen Alltag zu meistern.

Der Alltag holte mich wieder ein. Die Arbeit als Technischer Zeichner machte Fortschritte, und es war eine interessante Arbeit. Mit den Mitarbeitern verstand ich mich gut. Am Morgen erzählte ich als Erstes immer gleich den Witz des Tages und anscheinend kam mein Humor gut an; ich war auch stets lustig drauf. Trotzdem wartete ich schon am Montag hart aufs Wochenende. Das Klettern hatte mich „infiziert". Außerdem besuchte ich des öfteren Heini und Erika und da wurde eigentlich nur über die Kletterei gesprochen. Heini war ohne Zweifel ein extremer Typ, doch wir sprachen auch viel über Sicherheit am Berg und er gab mir dazu wichtige Tipps.

Hab nicht Angst vor der Wand,
sondern Ehrfurcht.
Heini Holzer

Ich erzählte ihm, dass ich mit dem Rieser Oswald die Dibona-Kante der Großen Zinne durchsteigen wollte und er gab mir dazu wichtige Hinweise mit auf den Weg.

Am 4. Oktober war es dann so weit für die Generalprobe: Die Dibona-Kante der Großen Zinne mit Rieser Oswald. Wir starteten mit zwei Rücksäcken bepackt und – wohlgemerkt – einer Vespa um 15:20 Uhr in Schenna und waren um 19:00 Uhr im Fischleintal. Von da stiegen wir zur Drei-Zinnen-Hütte auf, die zu unserem großen Erstaunen leider geschlossen war. Also gingen wir weiter zur Lavaredo-Hütte (2400 m) und trafen dort um 21:30 Uhr ein. Wir übernachteten und waren morgens frühzeitig wieder auf den Beinen. Wir kletterten die ersten 150 Meter im Seil, dann gingen wir gleichzeitig seilfrei. Die letzten 70 Meter sicherten wir wieder und erreichten um 12:30 Uhr den Gipfel. Der Herrgott vergönnte uns einen wunderschönen Tag und die Aussicht war einfach traumhaft. Nach einer Stunde verdienter Gipfelrast stiegen wir auf dem

Rieser Oswald und ich

Die drei Zinnen (Dibona-Kante der großen Zinne)

Normalweg ab, ins Fischleintal, setzten uns wieder auf meine Vespa und waren um 20:00 Uhr zu Hause. Es war die perfekte Vorbereitung für meine erste Tour mit Heini Holzer.

Meine erste Bergtour mit Heini Holzer

Auszug aus dem Tourenbuch: *Endlich ist es so weit. Die versprochene Tour, die* „erste mit Heini", Grödner Joch, westlicher Meisolesturm, 2350m, 2. Begehung am 11. Oktober 1969, *habe schlecht geschlafen und draußen ist es bitterkalt, schoppe mir gerade die Dolomiten in die Hosen und um den Brustbereich, um die Fahrt mit der Vespa halbwegs erträglich zu machen. Heini kommt vollbepackt mit Helm, Rucksack und Seil und sagt nur „Auf geat's", er redet nicht viel und wenn, dann geht es nur um eins: das Klettern. Es ist wirklich sehr kalt, der Fahrtwind pfeift mir durch alle Glieder, ich denke mir: Wie soll ich heute noch klettern, ich bin vor Kälte versteinert wie eine Betonmauer, doch Heini kennt keine Gnade, wir pfeifen, ohne irgendwo anzuhalten, durch bis zum Grödner Joch. Kann mich kaum aufrichten und versuche durch schlagende Bewegungen meinen Körper wieder auf Temperatur zu bringen. Nun kann es losgehen, habe mich gut vorbereitet und spule im Kopf nochmals die Schwierigkeiten und das Besprochene ab. Wir gehen über das Geröll mit prüfenden Blicken zügig zum Einstieg. Heini sagt nur kurz zu mir: „Das ist unsere Wand, die gilt es zu bezwingen, es sind einige V+-Stellen drin und es wird bestimmt haarig werden." Am Einstieg angekommen, wird ein Stand gebaut und Heini ist auch schon in der Wand. Er führt alle 7 Seillängen, es geht voran. Der von Heini bewertete Schwierigkeitsgrad von V+ verlangt uns alles ab. Ca. 80 Meter unter dem Gipfel senkt sich die Sonne und der ganze Berg glüht jetzt im Abendrot, wir sind überwältigt von dieser Schönheit. Trotzdem – es ist unwahrscheinlich kalt, kann kaum meine Finger bewegen und mein Herz schlägt laut, sehr laut …, es ist überwältigend, die letzten Meter und die Wand ist geschafft!!!*

Um 18 Uhr stehen wir am Gipfel, beide schicken wir nacheinander einen Jauchzer ins Tal, gefolgt von einem kräftigen Händedruck. „Berg Heil", das sind die einzigen Worte, die ich herausbringe, sonst kann ich nichts mehr sagen, nur mehr schauen und nochmals schauen, ein Abendrot in dieser Schönheit hat sich mir bisher noch nie offenbart, im Tal ist es schon dunkel und man sieht schon viele Lichter brennen, es ist unbeschreiblich schön hier heroben und man hat das Gefühl, eins zu sein mit der Natur.

Vor lauter Staunen vergessen wir schon fast den Abstieg. Dieses unbeschreibliche Abendrot wärmt uns, bis wir wieder daheim vor der Haustür stehen.

TOURENBESCHREIBUNG: Westlicher Meisolesturm, 2350m
WANDHÖHE: ca. 200m
SCHWIERIGKEITSGRAD: III, IV und V+
BENÖTIGTEN: 7 Seillängen
Die Erstbegehung erfolgte im Jahre 1936 vom Grödner „Vinatzer"; auch wenn es danach noch öfters probiert wurde, kam es 33 Jahre lang zu keiner erfolgreichen Zweitbegehung.

Es war eine wunderbare Tour, wie ich es bisher noch nie erlebt hatte, und ich glaube, ich hatte Heini beeindruckt.

Die Erlebnisse am Berg haben aus mir einen anderen Menschen gemacht. All die schönen Eindrücke und Erfolge haben den melancholischen Teil in mir, der sich aufgrund meiner schwierigen Jugend und Kinderzeit in jeder einzelnen Faser meines Körpers breitgemacht hatte, immer weiter zurückgedrängt und im wahrsten Sinne des Wortes in mir einen Entpuppungsprozess von der Raupe zum Schmetterling ausgelöst. Plötzlich war mir keine Aufgabe zu hart, kein Weg zu weit und keine Arbeit zu viel.

Sonnenuntergang

Die Sonne geht unter,
der Tag neigt sich der Nacht.
Die Vöglein sind schon lang verstummt.
„Was machst du noch da, zu dieser späten Stund?“

„Ich bewundere den letzten Sonnenstrahl,
das rote Aufglühen,
die aufsteigende Dunkelheit,
die vielen Lichter unten im Tal …“

Bin glücklich und zufrieden
mit dem heutigen Tag
und dank dem Herrn
für seine Gnad.

A. T., 1969

Kein Kontakt mehr mit meiner Familie

Keinen Anteil an meinem menschlichen Höhenflug hatte meine Familie: Mit meinen Leuten im Friedheim hatte ich jeglichen Kontakt abgebrochen, ich hatte mich von zuhause gänzlich abgenabelt.

Im Penotzer-Keller

Schenna war für mich nur noch wichtig, was Jugend und Theater betraf. Das Theaterspielen bedeutete mir viel und war mir sehr wichtig. Dabei hatte sich auch ein bestimmter Freundeskreis herauskristallisiert. Einer davon, der Penotzer Oswald, organisierte einmal eine Kellerparty bei sich zuhause. Das war eine Riesengaudi! Wir hörten Musik und tanzten, es war ein wunderschöner Abend – und das mit denkbar wenig Aufwand. Wir wussten den Abend zu nutzen, auf einfache Art und Weise.

„Ein ehrliches Lächeln, ein Witz des Tages verzaubert jeden. Ein gutes Wort öffnet Türen, ein böses verschließt sie. Menschen wie du und ich finden positive Menschen großartig."
A.T.

Pünktlich jeden Mittwoch musste ich meinen Dienst beim Weißen Kreuz leisten. Ich sammelte immer mehr Erfahrung und trotz so manchem Einsatz, der an die Grenze des Belastbaren ging, machten wir einen guten Job. Unsere Freundschaft wurde immer intensiver, und ich konnte den einen oder anderen sogar zum Bergsteigen bewegen. Mit Gerd Weissensteiner bezwang ich zum Beispiel die Ifinger-Nordwand.

Im Alpenverein, der damals gerade gegründet wurde, gab ich voll Stolz meine Tourenberichte ab und freute mich natürlich, wenn ich mit dem einen oder anderen über meine Erlebnisse am Berg diskutieren konnte.

Neid und Unverständnis machten sich bemerkbar.

Ich war so begeistert und überschwänglich beim Erzählen, dass ich dabei tatsächlich übersah, dass bei so manchem Bergkameraden Neid und Ablehnung immer größer wurden. So verabsäumte es der eine oder andere nicht, mich ab und an daran zu erinnern, dass ich nur der Sohn vom Pixner Karl war und auch immer bleiben würde. Das tat mir sehr weh und ich zog mich daraufhin immer mehr zurück; von meinen Bergtouren habe ich von da an fast niemandem mehr erzählt.

„Es gibt Menschen, die freuen sich am Glück der anderen, und es gibt Menschen, die haben Freude daran, wenn es dem anderen dreckig geht."
A.T.

Weihnachten rückte immer näher, doch ich konnte mich nicht so richtig auf das Fest freuen. Die Zeit der Ruhe und Besinnung war für mich eine ziemlich traurige Sache. Während andere sich schon wochenlang auf das gemeinsame Weihnachtsfest im Kreise der Familie freuten, dachte ich nur daran, dass ich wieder einmal alleine im Kolpinghaus sein würde, denn zu meinen Eltern wollte ich auf keinen Fall gehen. Vater war an Heiligabend meistens angetrunken und Mutter vertrat stets ihre altbekannte These: „*Muesch lei still sein, in Friedn zeliab.*" Das war nicht unbedingt das Weihnachten, wie ich es mir vorstellte, und so suchte ich eben Ruhe und Besinnung auf einem Berg oder im Kolpingheim. Dabei schweiften meine Gedanken hin und her, und so versuchte ich einige meiner Eindrücke festzuhalten:

Gedanken zu Weihnachten

Gezierte Gassen
Hellbeleuchtete Galerien
Klingelnde Kassen
All das kündet Weihnachten an

Reklame an allen Ecken
Menschenwirbel
Aufmerksamkeit wecken
All das kündet Weihnachten an

Geschenke austauschen
Es ist die Zeit gekommen
Geschenke umzutauschen
All das kündet Weihnachten an

Gute Geschäfte gemacht
Ausverkauft
Wer hätte das gedacht
All das kündet Weihnachten an

All das kündet Weihnachten an?

Nein!

Ich glaube, im Grunde genommen haben wohl die meisten vergessen, was die Weihnachtszeit wirklich bedeutet. Gegenseitiges Schenken „ja", aber nicht mit Bergen von Paketen aus leeren Herzen, „nein"; im Gegenteil: Sich untereinander vertragen, einander lieben, sich gegenseitig verzeihen und einander Vertrauen schenken und auf diese Weise dem anderen Freude bereiten, all das kündet Weihnachten an.

A.T., 1969

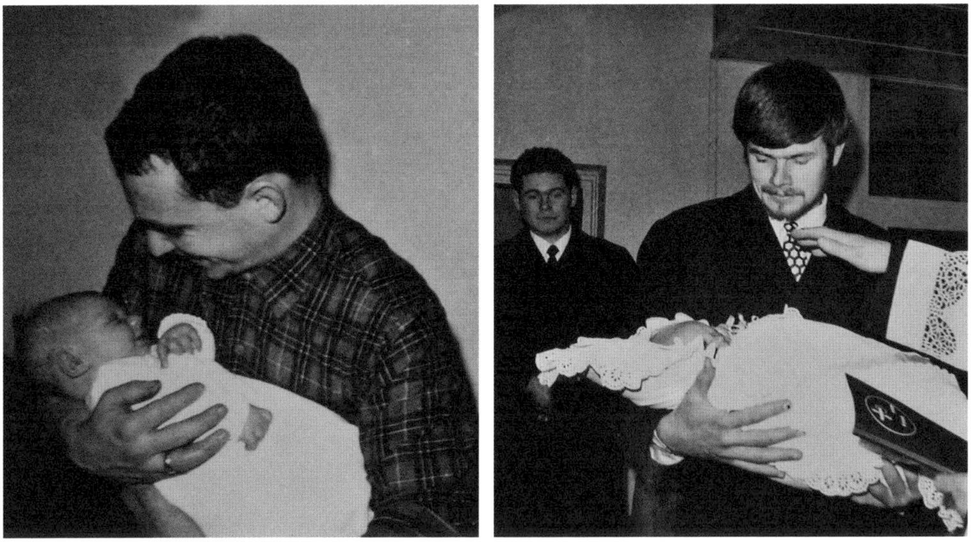

Reinhold Messner ist Taufpate von Heini Holzers erstem Sohn Markus

Mir wurde plötzlich klar, dass es noch etwas viel Schöneres gab als alle Gipfelerlebnisse zusammen: ein Zuhause – ein *Drhuam*. Etwas, das ich nicht kannte und das mir vielleichtl immer fremd sein sollte.

Es war Weihnachten, und ich war ganz allein …

Der 23. Dezember 1969 war ein Freudentag für Erika und Heini Holzer. Es war der Tag der Geburt ihres ersten Sohnes Markus in Martinsbrunn. Heini war ganz außer sich vor Freude und ich gratulierte ihm von ganzem Herzen. Dabei ergab es sich, dass er mich fragte, was ich am Heiligen Abend machen würde. Ich wollte eigentlich am Abend auf die Mutspitze gehen und um Mitternacht am Gipfel sein, doch Heini überredete mich, mit ihm gemeinsam die Südwestrinne vom Tschigat zu machen. Der Plan war, gegen 24:00 Uhr am Gipfel zu sein. Wir fuhren um 18:00 Uhr am Heiligabend mit der Vespa zum Partschinser Wasserfall, zu Fuß ging es weiter ins Zieltal, über die Tablander Höfe zur Tablander Alm und weiter bis zum Franz-Huber-Weg. Allerdings hatten wir die Rechnung ohne den Wirt gemacht. Die Schneeverhältnisse wurden immer schlechter, je höher wir kamen. Bis zu den Knien brachen wir ein und kräfteraubend ging es immer langsamer voran, drei Schritte vor und zwei zurück, bis wir uns schließlich entschlossen umzukehren. Ich traute meinen Ohren nicht, als Heini tatsächlich den Vorschlag machte umzukehren, denn aufgeben gab es nicht, nicht mit Heini Holzer. Aber die Geburt seines Sohnes hatte in ihm wohl tatsächlich ein bestimmtes Verantwortungsgefühl zur Folge, und ich war, ehrlich gesagt, sehr froh darüber. Es war eine wundervolle Vollmondnacht und eine unbeschreibliche Stille umhüllte den Wald, es war Weihnachten, das schönste Weihnachten, das ich je erlebt habe. Gegen Mitternacht waren wir bereits wieder zurück von der Tour.

Während der Weihnachtsfeiertage herumzuhocken, war nicht unbedingt das Unsere und so entschlossen wir uns, am 27. Dezember die erste Winterbegehung des von Heini Holzer selbst benannten Erikapfeilers zu machen.

27. DEZEMBER 1969: Erste Winterbegehung des Erikapfeilers am Scheiber (Ifinger)

Erikapfeiler und Einstieg in den Ifinger

Heini in der 2. Seillänge

Bemerkung: Um 10 Uhr früh fuhren wir zum Taser, von da weiter mit Skiern zu Ifingerhütte und gegen halb eins waren wir beim Einstieg. Durch den Pulverschnee war der Aufstieg sehr mühselig, es war bitterkalt, doch das Wetter war schön und guter Dinge näherten wir uns über den Grad dem Gipfel. Heini führte alle drei Seillängen bei einem Schwierigkeitsgrad von IV bis V und technisch A1. Die Kletterzeit betrug 2½ Stunden. Wir stiegen anschließend über die Westrinne wieder ab und besuchten am Abend Erika und seinen Sohn Markus in Martinsbrunn. Diese Tour hat mir wirklich alles abverlangt, denn sogar die etwas leichteren Stellen waren vereist und somit äußerst schwierig.

Der Beginn eines neuen Jahres gab mir immer neuen Auftrieb: Das alte Jahr war vorbei und zählte zur Vergangenheit, das neue mit all seinen ungeahnten Möglichkeiten stand mir offen.

Ich konnte mich in den schönen Stunden am Arbeitsplatz und in der Freizeit am Berg, in der Wand und am Seil und insbesondere in den unvergesslichen Stunden am Gipfel geistig stärken. Die Schattenseiten, der Kummer und die Sorgen waren dann Geschichte. An Tagen, wo ich glaubte, die Last des Alltags nicht mehr ertragen zu können, suchte und fand ich Zuflucht in den Bergen. Ich suchte meine Freude in der Natur, ja ich versuchte den Alltag zu vergessen, indem ich mich in Gefahr begab: in senkrecht abfallende Wände, überhängende Kletterrouten und Touren, die mir oft das Letzte abverlangten. Dort fühlte ich mich glücklich, zusammen mit meinem Freund, der am anderen Ende des Seiles hing.

Da stellte man sich am Anfang des Jahres schon mal die Fragen: Werden wir immer heil aus den Bergen zurückkehren? Werden die Haken halten, wenn mein Freund oder ich ins Seil fallen? Und man kam immer wieder zum gleichen Schluss: All diese Fragen kann ich, kann wohl niemand beantworten, das liegt alles in Gottes Hand und in seinem Willen.

18. Jänner: Erste Skitour mit Heini auf den Großen Mittager, 2422 m, weiter zum Kandelsberg, 2141 m, und Abfahrt ins Sarntal
Bemerkung: Unzählige Stürze, denn das Skifahren im Pulverschnee war für mich neu, trotzdem war die Abfahrt insgesamt sehr schön.

Erste Versuche im steilen Gelände ...
... so geht's den Berg hinunter...

... und so wird unten angehalten.

5. April 1970: Fürkelspitze, 3004 m, in der Ortlergruppe
Anmerkung: Genussvolle Abfahrt zur Fürkelhütte bei Pulverschnee und wunderschönem Wetter, ohne Sturz, für mich ein großes Erlebnis mit Heini Holzer

12. April 1970: Craist Alta, 2884 m, und Rosabspitze, 2941 m
Anmerkung: Eine sehr anspruchsvolle und sehr harte, aber wunderschöne Skitour mit Heini Holzer

19. April 1970: Innere Salurnspitze, 3181 m, und obere Salurnspitze, 3429 m
Anmerkung: Zwei traumhafte Gipfel bei wunderbarer Aussicht, bei Abfahrt gestürzt, Bindung öffnet sich und Ski fährt ohne Besitzer 500 m weit den Berg hinunter und vergräbt sich im Schnee.

Fiat 500, Gamsl genannt

1. MAI 1970: Erstbegehung der Südostverschneidung auf dem Piccolo Diano, 720 m – Schwierigkeitsgrad IV bis V+, 9 Seillängen und 5¼ Stunden Kletterzeit
Anmerkung: Ausstieg war eine riesige Dornenhecke, nicht unbedingt alltäglich, war mächtig stolz auf meine 1. Begehung einer 300 m hohen Wand.

Das neue Jahr begann mit neuen Plänen. Heini war voller Ideen und wir trainierten hart. Es sollte ein ganz bedeutendes Jahr für mich werden: bergsteigerisch, beruflich und auch privat.

Als Technischer Zeichner war ich inzwischen im Büro voll eingearbeitet, Mit der Arbeit kam ich auch gut zurecht, nur der Verdienst war immer noch alles andere als üppig. Daraufhin bot mir der Abteilungsleiter einen Job an als Vertreter für Mineralstoffe, Kälbermilch und bis hin zu ganzen Stalleinrichtungen. Ich arbeitete als freier Mitarbeiter mit eigenem Auto und kaufte mir einen VW-Combi. Meine Kunden waren Bauern im Pustertal und im Eisacktal, mit denen ich mich auf Anhieb sehr gut verstand. Um Kosten zu sparen, nahm ich mir im Kolpinghaus in Brixen ein Zimmer. Ich fuhr montags los und kam Freitag abends wieder zurück.

Wir waren ein eingefahrenes Team.
Im ersten Halbjahr 1970 machte ich mit Heini Holzer fantastische Touren, Klettertouren in der Paganella, wie die Ostwände von Sperone Vettorato, Spaloti di Fai und Cima Verde. Heini und ich waren in Super-Form.

3. Mai 1970: Paganella, Sperone Vettorato, 1750 m, Südost-Wand, Steinkötter-Pisoni-Führe, 3. Begehung, Schwierigkeitsgrad IV bis VI, 5 Seillängen.
Anmerkung: Die Wand war brüchig, ein herabstürzender Stein verpasste mir ein blaues Auge.

Für mich war das Bergsteigen inzwischen weit mehr als nur ein Hobby, es war Leistungssport. Die Kletterei entwickelte sich zu einem sportlich orientierten Tempobergsteigen. Im Vergleich mit vorangegangenen Begehungszeiten vergewisserte man sich der eigenen Leistungsfähigkeit – und des eigenen Selbstwertes. Das Training wurde immer härter und professioneller.

Südostwand Sperone Vettorato, Wandhöhe 350 m

17. MAI 1970: Spaloti di Fai, 2005 m, die Via-Franko-Frisanke-Route, Südost- Verschneidung, Schwierigkeitsgrad IV bis VI, technisch A2, 9 Seillängen.
Anmerkung: Begegnete beim Ausstieg Alessandro Gogna und Claudio Zeni, die gerade die Via Ilse gemacht hatten.

Spaloti di Fai – Wandmitte

Monte Basone

24. Mai 1970: Monte-Burrone-Schlucht mit dem Schenner Alpenverein, insgesamt 43 Teilnehmer, einer der schönsten Wandersteige in den Trentiner Bergen. Bemerkung: Ein Mädel fiel mir besonders auf: die Förster Thresl.

31. Mai 1970: Cima Verde, 2. Begehung mit Heini Holzer, Nordostwand, Steinkötter-Route, Schwierigkeitsgrad IV bis VI, 6 Seillängen.
Anmerkung: Eine anspruchsvolle Tour, Fels sehr griffig, vor allem das letzte Stück verlangte mir alles ab.

In der Zwischenzeit hatte ich die Kletterlegende Hermi Lottersberger aus Mairhofen im Zillertal kennengelernt. Sie war eine sehr erfahrene Frau und hatte schon an einigen internationalen Expeditionen teilgenommen. Wir nahmen uns vor einige Touren gemeinsam zu machen.

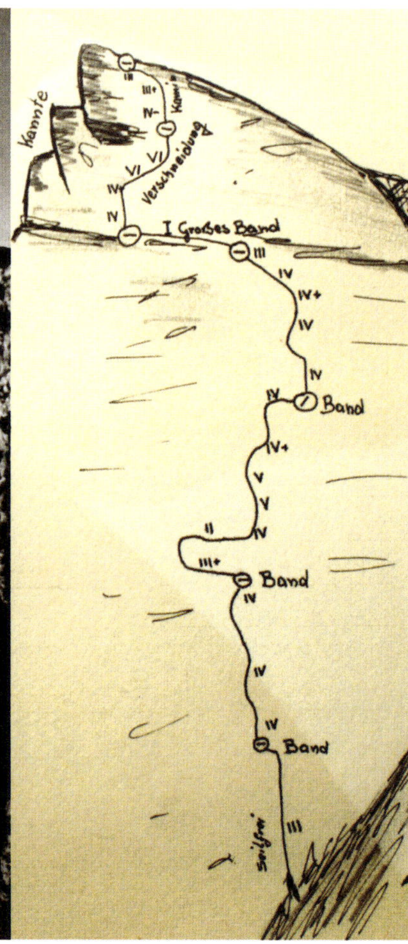

Eine 400 m Wand verlangte uns alles ab

10. Juni 1970: Cima Verde, 2. Begehung, Ost-Kante, Steinkötter-Camper-Route, mit Heini Holzer und Hermi Lottersberger, Schwierigkeitsgrad IV bis V+ R1, 9 Seillängen.
Anmerkung: Schöne Tour, Fels teils sehr brüchig.

Ich hatte von Heini erfahren, dass der Gamper Heinz, der *Bua von die Messner-Leit* in Niederlana, ein sehr guter Kletterer war. An einem Samstagnachmittag fuhr ich also nach Lana und kehrte bei Familie Gamper, Messner, ein. Dabei lernte ich die Eltern von Heinz kennen. Es war wie ein Magnet: Seine Mutter bat mich gleich ins Haus und bewirtete mich, und auch der Gamper-Vater war höchst zuvorkommend. Es waren einfach Menschen mit Herz. Ich war so angenehm überrascht von ihrer Herzlichkeit, dass ich eigentlich gar nicht mehr weggehen wollte. Ich hatte das Gefühl, das ist ein echtes „*Drhuam*“. Es war eine wichtige Bereicherung für mich, die Familie Gamper kennengelernt zu haben.

Den Heinz traf ich dabei allerdings nicht, doch lernte ich bei dieser Gelegenheit Sepp Mayerl kennen. Der Lienzer Extremkletterer Sepp Mayerl war von Beruf Dachdecker und ein sehr bekannter Mann im Alpenraum, bergsteigerisch ein Ass. Er lud mich spontan für den nächsten Tag zum Klettern ein.

14. Juni 1970: Die Dibmana"-Rotwand, 2806 m, im Rosengarten, mit Sepp Mayerl, Siegfried Messner, Hermi Lottesberger und dem Waldner Bartl.
Bemerkung: Habe es genossen, die Erzählungen von meinen Kletterpartnern zu hören.

Hermi Lottersberger, Sepp Mayerl und ich

Am 19. Juni 1970 kletterte ich mit Siegfried Messner, dem Bruder des heute bekannteren und damals 26-jährigen Reinhold Messner, den Dülferriss der Cisles Odla, 2870 m, im Schwierigkeitsgrad IV bis V. Siegfried hatte mich zur Tour eingeladen und wir waren ein ausgesprochen gutes Team, denn wir hatten beide eine sehr gute Kondition und durchstiegen den Dülferriss in nur vier Stunden. Siegfried hatte zwei Paar Firngleiter mitgenommen und wir fuhren die Flanke der Mittagscharte über einen Lawinenkegel bis in die Waldgrenze ab. Es war einfach wunderbar. Siegfried Messner war ein sehr aufgeschlossener und fröhlicher Mensch und lud mich auch zu sich nach Hause ein. Die *Messner-Mueter* erwartete uns bereits und fragte neugierig, wie es uns ergangen sei und ob wir hungrig seien. Schnell hatte sie für uns ein zünftiges Abendessen zubereitet. Es waren auch einige von Siegfrieds Brüdern da und wir hatten es sehr lustig. Beeindruckend für mich war die Tatsache, dass sich die *Messner-Mueter* weniger um ihre Söhne bemühte, sondern mit mir das Gespräch suchte. Sie erzählte mir, dass sie immer Angst habe, wenn die „*Buabm*" in den Bergen seien, und erklärte mir, dass sie diesen Kummer sofort vergesse, wenn sie dann sehe, mit welcher Freude ihre Kinder dem Bergsteigen nachgingen, und schließlich gebe es auf dieser Welt nichts Schöneres als die freie Natur.

Bereits zum zweiten Mal innerhalb kurzer Zeit spürte ich, wie wichtig das Verständnis der Eltern ist, das sie ihren Kindern entgegenbringen, ganz egal, worum es geht und wo auch immer ihre Interessen liegen.

Siegfried Messner wurde am 16. Juli 1985 am Vaiolett-Turm vom Blitz getroffen und verstarb am 21. Juli in der Universitätsklinik von Innsbruck.

Kapitel 5

Ich wollte mich ab diesem Zeitpunkt nicht mehr über die Vergangenheit und die Art und Weise, wie meine Eltern mit mir umgegangen waren, beklagen. Nein – ich wollte es besser machen und vor allem wollte ich eine Familie, eine eigene Familie.

Heini war davon besessen, Überragendes zu vollbringen, und ständig bestrebt, noch schwierigere und unbekanntere Abenteuer in den Bergen zu finden. Unser Ziel war es von nun an, Neuland zu betreten, das heißt, mit Skiern von steilen Wänden abzufahren, in die sich nur wenige hineintrauten.

Eine neue Herausforderung: Steilwandfahren mit Skiern und Firngleiter

Das Steilwandfahren brachte für Heini Holzer jene Steigerung, die für ihn in den heimatlichen Bergen kletternd nicht mehr zu erreichen war.

Ich muss ehrlich gestehen, ich war nie ein besonders guter Skifahrer und stand dem Ganzen anfangs eher skeptisch gegenüber. Doch skifahrerisches Talent war im Steilwandfahren nicht unbedingt von Nöten, dafür aber umso mehr Mut und Körperbeherrschung. Heini bereitete jede Tour minutiös und akribisch vor, denn der geringste Fehler wäre bei den folgenden Unternehmungen einem Todesurteil gleichgekommen, dessen waren wir uns sehr wohl bewusst.

Am 21. Juni 1970 war es endlich so weit: meine erste Steilwandabfahrt – die Nordwandrinne der Cima Tosa, ein abenteuerlicher Eiskanal inmitten der Brentagipfel, 900 Meter Wand mit einer Neigung von 45-55º.

Auszug aus dem Tourenbuch: 21. Juni 1970. 5:20 Uhr – ich warte auf Heini Holzer, brauche mir heute aber keine Zeitung in die Hosen zu stecken, Heini kommt mich nämlich mit seinem neuen 500er-Fiat „Gamsl“ abholen, Start

Cima-Tosa-Nordwand – ein 900 Meter schmaler Eiskanal

um 5:30 Uhr mit Gamsl zum Gampenpass, Madonna di Campiglio und Malga Vallesinella, um 8:15 Uhr dort angekommen, wir gehen zu Fuß weiter zur Brentei-Hütte, 2264 m, und zum Einstieg der Tosa-Rinne, es ist 11:45 Uhr. Im ersten Drittel begegnen wir einer Dreiermannschaft, die nur ganz langsam weiterkommt. Sie sind gesichert, schlagen Stufen und arbeiteten sich mit Hängen und Würgen den Berg hinauf. Heini und ich steigen seilfrei durch und sind nach 2½ Stunden am Gipfel.

Der Schnee passt perfekt und Heini erklärt mir die genaue Abfahrtsroute, denn es wird nicht ganz leicht, vor allem die 55 ° steile Mittelwand ist blankes Eis, dort müssen wir uns etwas einfallen lassen, das steht fest. Wir sehen, wie die Dreiermannschaft umkehrt und aus der Wand aussteigt.

Ein lauter Jauchzer und los geht's. Der Firn ist griffig, nur einzelne kurze blanke Stellen, und da sind wir schon bei besagter Eiswulst in der Wandmitte, blankes Eis, ca. 60 Meter, ohne Sicherung nicht zu befahren, kurze Beratung: Mit einem 50 Meter langen Kletterseil (das längste, das wir mithaben) gesichert, fährt Heini zuerst in die Wand, baut dort einen gesicherten Stand und ich soll nachkommen. Bei einem Sturz falle ich 100 Meter die Wand hinunter, ein Flug mit Firngleitern sei ungefährlicher als einer mit Skiern, befinden wir. Auf geht's, alles verläuft nach Plan, Heini ist unten, Gott sei Dank, er baut den Standplatz und gibt mir das Zeichen zum Nachkommen, mein Herz schlägt so stark, dass ich den Puls sogar bis in die Zehenspitzen spüren kann, ich atme tief durch, kontrolliere nochmals meine Knoten am Gurtzeug und fahre los, erste Kehre, zweite Kehre, es geht, meine Spur ist lediglich ein kleiner Kantenschnitt im Eis und das ist verdammt wenig, vor allem beim Wenden, vierte Kehre, fünfte Kehre, ich bilde mir ein, ich kann und werde es schaffen, den blanken Eiswulst zu überwinden, plötzlich verliere ich den Boden unter den Füßen, es geht alles sehr schnell, ich falle, dann ein leichter Aufprall und wieder ein kurzer Augenblick in der Luft bzw. im freien Fall, hoffe nur, dass Heini den Stand ordentlich gesichert hat, dann ein heftiger Ruck und die Eiswand hat mich wieder, das Seil ist am Ende, der Flug auch, kurze Pause. Hebe meine Hand und gebe Heini ein

Ich im oberen Teil der Wand

Zeichen, dass alles in Ordnung ist. Er atmet auf und wir sind heilfroh, das alles, bis auf einige blaue Flecken, unbeschadet überstanden zu haben.

Der Rest ist einfach nur schön, mit einem unbeschreiblichen Gefühl in der Brust kommen mir die letzen Meter Abfahrt vor, als würden wir schweben. Nach einer halben Stunde reiner Höllenfahrt reichen wir uns am Einstieg die Hände zu einem kräftigen „Berg Heil". Zurück in der Brentei-Hütte erwartet uns schon eine Menge Schaulustiger, die unsere Steilwandabfahrt mit Staunen beobachtet haben, sogar der Wirt spendiert uns ein Mittagessen und besteht darauf, dass wir uns in sein privates Bergbuch eintragen und unterschreiben.

Steilwand fahren ist Wahnsinn,
doch mich reizt der Wahnsinn,
aus dem Wahnsinn wird Freude
und ich freue mich über den
Wahnsinn.
A.T., 1970

Die Cima Tosa war für mich ein Riesenerfolg, da es sich dabei für mich um die erste Steilwandabfahrt handelte. Die Überzeugung, Überragendes geleistet zu haben, beflügelte mich und wir trainierten immer häufiger und professioneller und bereiteten unsere nächsten Abfahrten stets akribisch vor.

Die sportlichen Leistungen wurden von außen anerkannt, nicht aber im eigenen Alpenverein.

Einem Freund, mit dem ich früher Theater gespielt hatte und auch in der Jugend oft beisammen gewesen war, erzählte ich von unserer Steilwandabfahrt. Er gab mir daraufhin zu verstehen, dass entweder die Cima Tosa überhaupt nicht so steil sei, wie behauptet, oder dass wir die Wand gar nicht runtergefahren wären. Das war sein Kommentar dazu. Erneut machte ich also die Erfahrung, meine Erlebnisse, meine Leistungen und meine Begeisterung nur ganz wenigen ausgewählten Freunden mitzuteilen, denn diese Reaktion eines angeblichen Freundes hatte mich sehr verletzt.

Ich freute mich hingegen besonders über eine Postkarte vom Nanga Parbat von der Sigi-Löw-Gedächtnis-Expedition, die von Dr. Karl Herrligkoffer geleitet

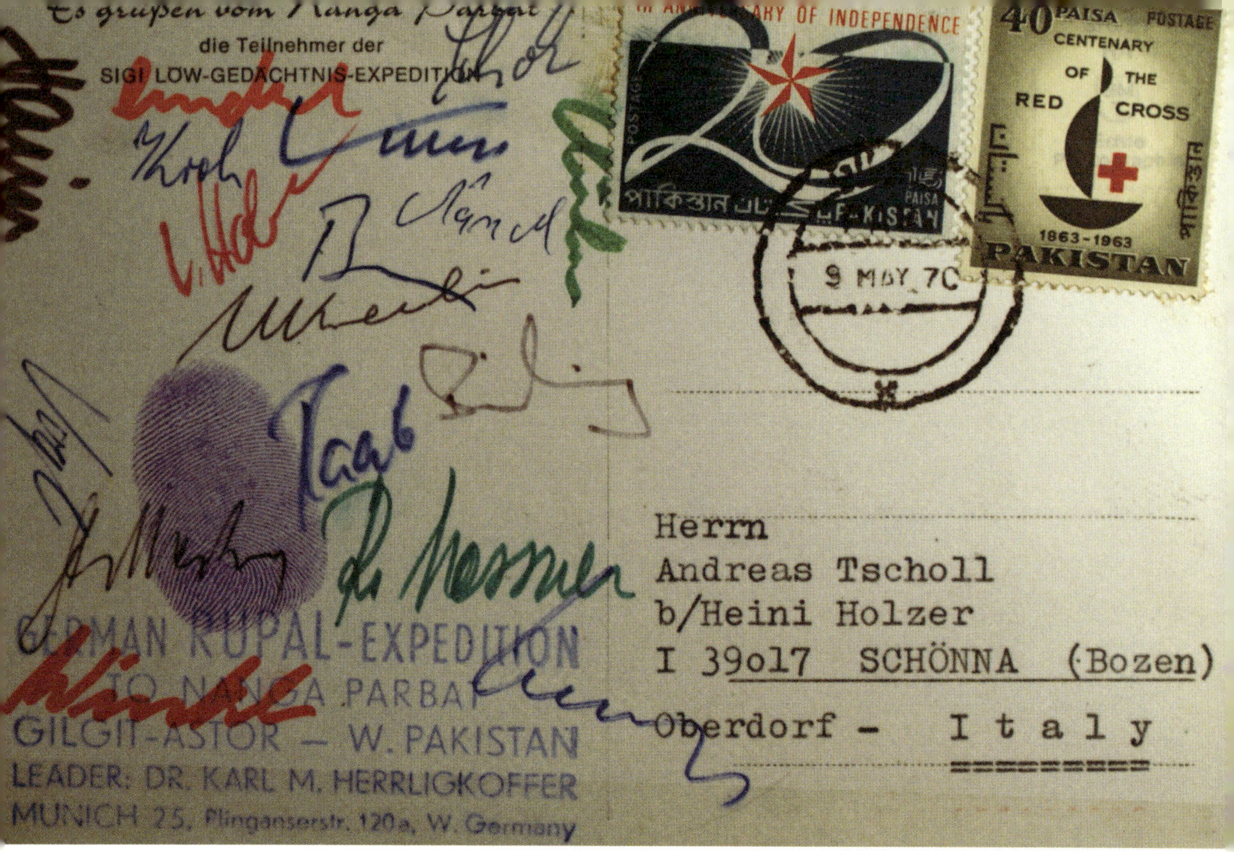

Die Förstermadler

wurde. Kein Geringerer als Reinhold Messner ließ mir diesen Gruß zukommen. Wir hatten uns einige Male getroffen, auch zusammen mit Heini, meine Adresse wusste er jedoch nicht, deswegen die sonderliche Anschrift.

Plötzlich waren da aber noch andere Interessen außer Beruf, Bergsteigen und Steilwandabfahren. Beim Theaterspielen hatte ich die Förster Thresl besser kennen gelernt, und es war gar nicht so einfach, ihr Herz zu erobern. Sie war schließlich die Tochter vom Vollplotzer Jos und der Förster Moidl, einer bekannten Trachtenschneiderin, und ich, ich war halt nur der Sohn vom Pixner Karl, dem „Psuff". Dennoch ließ ich nicht locker, dafür gefiel mir die Thresl zu sehr, und ich konnte mich tatsächlich Schritt für Schritt in ihrer Gunst emporarbeiten.

Heiratsantrag auf der Mutspitze

Für meinen Geburtstag, den 28. Juni, hatte ich mir etwas ganz Besonderes mit ihr ausgedacht. Es war eine Entscheidung, die mein zukünftiges Leben vollends verändern sollte. Wir fuhren mit meinem VW-Lieferwagen um ein Uhr nachts zum Tiroler Kreuz, und wollten von dort aus zur Mutspitze wandern, um dort den Sonnenaufgang zu erleben. Es war stockfinster und meine Taschenlampe nur sehr schwach. Es kam, wie es kommen musste, wir stiegen gerade auf dem Abkürzungsweg Richtung Mutkopf, als wir uns komplett im Wald verliefen. Außerdem fiel auch noch meine Taschenlampe aus. Stockdunkel, mitten im Wald und keiner wusste mehr wohin. Ehrlich gesagt, hatte ich mir das ganz anders vorgestellt, doch meine Einstellung zum Aufgeben habe ich schon erläutert – und in dieser Situation kam es erst recht nicht in Frage. Ich sah plötzlich ein Licht durch die Bäume schimmern und wusste, das konnte nur vom Mutkopf

„Thresl, willst du meine Frau werden?"

kommen. Wir erreichten nach 4 Stunden schließlich den Gipfel der Mutspitze. Ich merkte Thresl die Anstrengung an und nahm sie erst einmal fest in meinen Arm. Dann nahm ich zärtlich ihre Hand, schaute ihr in die Augen, holte noch einmal tief Luft und fragte sie mit einer etwas tiefen Stimme:

Sie schaute mich mit großen Augen sichtlich überrascht an, sagte einige Sekunden nichts, um dann zu erwidern:

„Ja, Ander – Wir werden das schon påcken mitanånd.“ Ich nahm sie gleich noch einmal in meine Arme und ab diesem Moment hatte ich keinen Kontakt mehr mit dem Boden, ich fühlte mich leicht wie eine Feder und schwebte sprichwörtlich auf „Wolke Sieben“. Ich hätte diesen Moment am liebsten ewig festgehalten: Um 5:00 Uhr morgens mit der Liebsten auf der Mutspitze und obwohl die Sonne von Wolken verhangen war, war es der schönste Sonnenaufgang aller Zeiten.

Ich holte gleich zwei Ringe aus meiner Hosentasche und wir steckten sie uns an. Einige Zeit saßen wir aneinandergelehnt am Gipfelkreuz, ohne ein Wort zu sagen. Doch die Gedanken rauschten durch unsere Köpfe wie ein Wildbach. Ich glaube, die Thresl wird sich in etwa gedacht haben: „Wenn unsere Zukunft auch so schwer und so finster wird wie dieser Aufstieg, dann steht uns beiden ja noch einiges bevor …“

Ich hingegen war bester Dinge, nicht etwa, weil ich die bessere Kondition hatte, nein, weil sich für mich endlich der Weg hin zu einer eigenen Familie geöffnet hatte. Ich hörte immer noch die Stimmen: „… *der woll, des isch jo dr Bua ven Pixner Karl, von an Psuff*“, „… *der werd amol nit viel besser werdn wia sein Voter*“, „*der Epfel follt nit weit ven Stomm*“ usw. Ich nahm

„Mutspitze“ nennt man diesen Berg,
wo wir uns verlobten,
wo wir uns die Treue für immer versprachen,
wo wir uns das Ringlein an die Hand steckten.

„St. Georgen“ heißt das kleine Kirchlein,
wo wir den Bund fürs Leben schließen werden,
wo wir uns das „Ja“-Wort geben werden,
wo wir als Mann und Frau ins Leben treten werden,
wo uns Gott, der Herr, den Segen für unsere Ehe geben wird.
A.T., 1970

meine Thresl in den Arm und sagte: „Ich werde dich immer gern haben und eines sollst du wissen, ich werde mit all meinen Kräften dafür sorgen, dass unsere Kinder nur an einem Ort in die Volksschule gehen und nicht wie ich in sechs verschiedenen Gemeinden. Ich werde dafür sorgen, dass du und unsere Kinder ein *Drhuam* haben werden, das verspreche ich dir."

Auszug aus dem Tourenbuch

Langsam begannen wir den Abstieg und waren um 10:00 Uhr beim Tirolerkreuz. Von da fuhren wir direkt ins Schnalstal/Pfossental und gingen gemeinsam zum Eishof, eine alte Heimat von mir. Die Sonne hatte sich inzwischen durch die Wolken gekämpft und wir verbrachten einen wunderschönen Nachmittag. Am Abend kehrten wir glücklich, aber doch etwas müde nach Hause zurück, Thresl ins Schmiedhaus und ich ins Kolpingheim.

So wie ich mich bis dahin schon am Montag auf die Bergtour am nächsten Wochenende gefreut hatte, war es jetzt die Thresl, der meine Gedanken gehörten, und ich freute mich auf jedes Wiedersehen.

In dieser Zeit erreichte mich die Nachricht, dass Günther Messner, der Bruder von Reinhold Messner, am 29. Juni beim Abstieg unter der Diamir-Wand von einer Eislawine begraben worden war. Ich hatte Günther persönlich zwar nicht gekannt, trotzdem nahm mich sein Tod sehr mit; meine Gedanken waren insbesondere bei der Messner-Mutter, die ich noch vor kurzer Zeit so fröhlich und glücklich erlebt hatte …

Freud und Leid sind im Leben eng beieinander und treffen dich immer dann, wenn man es am wenigsten erwartet.

Neue Situation: Vater wollte eine Garni bauen, musste den Bauplan umändern.

Meine Eltern suchten plötzlich den Kontakt zu mir, denn, wie sollte es anders sein, sie brauchten meine Hilfe. Vater wollte, wie einige andere Schenner auch in der damaligen Zeit, eine Garni bauen.

Der große Aufschwung der 60er und 70er Jahre

Die allgemeine Hochkonjunktur der 60er Jahre, vor allem in Deutschland, steigerte die Nachfrage nach Urlaubsunterkünften. Man reiste nun gern und oft. Es machte sich in immer größeren Bevölkerungskreisen eine ständig wachsende Sehnsucht breit, dem Alltagstrott zu entfliehen und sich in einer idyllischen, intakten Naturlandschaft zu erholen. Während die alte Kurstadt Meran in dieser Zeit eine eher stagnierende Tendenz im Tourismusgewerbe aufwies, begann jetzt der große Aufschwung in ihren Randgemeinden. So vor allem auch in Schenna, und bereits im Jahr 1965 wurden erstmals 100.000 Übernachtungen gezählt. Ab diesem Zeitpunkt schossen Pensionen und Garnis förmlich wie Pilze aus dem Boden; aber auch immer mehr Bauernhöfe und Privathäuser entdeckten den Fremdenverkehr als willkommenen Zuerwerb.

Ich sollte meinem Vater den schon genehmigten Plan des Zweifamilienhauses dafür abändern, und nachdem dies geschehen war, entstand eine Garni mit einer Privatwohnung, einem Speisesaal und 10 Gästebetten mit Dusche und WC. Man bedenke, dass die zuvor genehmigten Außenmaße sowie die Gebäudehöhe nicht verändert werden durften. Professor Jochberger, der mich in der Bauhandwerksschule unterrichtet hatte, kümmerte sich um die Statik, alles andere zeichnete und plante ich hingegen selbst, inklusive der Ausschreibungen für Tischler, Hydrauliker usw.

In der Zwischenzeit arbeitete ich auch schon am Plan eines Zuhauses für Thresl und mich. Wir hatten nämlich entschieden, im Schmiedhaus den unteren Stock auszubauen. Bis ins kleinste Detail wurde alles durchgeplant und auch mit den zukünftigen Schwiegereltern war bereits alles ausgemacht. Die Sache hatte nur einen Haken: Es waren Mieter im unteren Stock vom Schmiedhaus und die wollten nicht freiwillig aus der alten Wohnung ausziehen, und somit sollte es vorerst einmal beim ausgefertigten Plan bleiben.

Die Beziehung zu meinen Eltern besserte sich in dieser Zeit leicht. Vater sah ein oder, besser gesagt, musste einsehen, dass er sein Vorhaben ohne meine Hilfe nicht realisieren konnte. Aber das war es dann auch schon. Vater begann also mit dem Aushub, die Maurerarbeiten übernahmen die Bachler-Brüder, Hias und Hans, zusammen mit Fabio. Die Arbeiten gingen zügig voran und ich war wirklich davon überzeugt, dass Vater endlich einmal etwas richtig machte. Doch sobald die erste Decke gegossen war, war auch schon wieder Schluss mit der Bauerei. Das Geld war ausgegangen und somit ein ungewollter Baustopp angesagt.

Habe Heini kritisiert.

Ein Knick in der Freundschaft mit Heini Holzer ergab sich am 4. Juli 1970 beim Versuch, die Nordwand der Lenzspitze in Sass Fee in der Schweiz abzufahren. Es war eine verhältnismäßig lange Anfahrt über Ofenpass, Zernez, Flühelapass, Davos, Langurt, Chur, Fliuns, Oberalpass, Andermatt bis Sass Fee, und das alles mit Heinis Fiat 500. Zudem war der Wetterbericht nicht besonders gut, trotzdem drängte Heini darauf, die Tour zu machen.

Von Sass Fee ging es zu Fuß zur Mischabelhütte auf 3329 m. Wir benötigten für 1540 Höhenmeter genau 2 Stunden. Wir waren topp fit. Am nächsten Tag wollten wir die Lenzspitze machen und die Nordwand mit Skiern bzw. Firgel abfahren. Unser Aufstieg war von kurzer Dauer, denn das Wetter verschlechterte sich. Wind, ja ein wahrer Orkan kam auf. Wir kamen bis 3600 m und mussten dann umkehren und gezwungenermaßen wieder die

Heimreise antreten. Für einen zweiten Versuch reichte die Zeit nicht und so fuhren wir über den Simblonapass weiter über den Lago Maggiore, Mailand, Brescia und den Gardasee und von da wegen eines Autostaus über Sarche, den Molvenosee, Mezzocorona und Bozen wieder zurück nach Schenna. Schöne Fahrt – insgesamt 1000 km.

Wir hatten während der langen Autofahrt viel Zeit, über Gott und die Welt zu diskutieren und so kam es, dass ich mir erlaubte, Heini zu kritisieren, denn ich war der Meinung, dass wir dem Wetterbericht mehr Beachtung beimessen sollten. Er war sehr sauer, denn dem Heini durfte man in Heinis Augen nicht widersprechen. Ich wusste das, aber eine so weite Fahrt, die auch noch mit, für meine Verhältnisse, großen Spesen verbunden war, und die Tatsache, dass der Wetterbericht vorab eindeutig stürmisches Wetter gemeldet hatte, brachten mich dazu, einmal über meinen Schatten zu springen und auch dem Heini mal die Meinung zu sagen.

In der Folge wurden die Angebote, mit mir zu trainieren oder gar eine Tour zu unternehmen, seltener und außerdem, wenn man mal nicht die Zeit für eine Tour hatte, so fragte einen Heini nur selten ein zweites Mal, ob man mitkommen wollte. So war er halt, der Heini Holzer.

Später sah Heini seine Überreaktion ein und wir waren wieder die Alten. Die nächste Steilwand wurde geplant und am 11. Juli realisiert.

Eine weitere bedeutende Steilwandabfahrt

11. Juli 1970: Erstbefahrung der Nordwand der Cima Brenta, 3150 m, Wandhöhe 500 m, zum Teil über 45º steil

Anmerkung: Schneeverhältnisse: Oberer Teil Sulzschnee auf blankem Eis, sehr gefährlich, abschließender Händedruck zum Berg Heil, Heini und ich waren wieder die Alten, Hüttenwirt der Tuchetthütte lud uns zum Essen ein, waren ihm noch von der Cima-Tosa-Abfahrt her bekannt, wir beherrschten die Abfahrt, unser Trockentraining zeigte Wirkung.

Eine 400 m Wand verlangte uns alles ab

Die politische Situation in Südtirol war angespannt. Rom hatte nach dem II. Weltkrieg den Südtirolern die Selbstbestimmung vorenthalten und entgegen den Vereinbarungen mit Österreich nur eine unzulängliche Autonomie gewährt. Gleichzeitig setzte die italienische Regierung ihre Italienisierungsbestrebungen fort und verkannte dabei die Gefahr, dass Südtirol zu einem großen Problemfall werden könnte. So kam es in den 60er Jahren zu zahlreichen Sprengstoffanschlägen, die in der Feuernacht vom 11. auf den 12. Juni 1961 mit der Sprengung von 37 Strommasten ihren Höhepunkt erlebten. Die Folge waren verstärkte Polizeipräsenz, zahlreiche Verhaftungen (vielfach mit Folterungen) und verschiedene Diskriminierungen der deutschsprachigen Bevölkerung.

Heini wurde von der Finanzpolizei am Timmelsjoch festgehalten.

1. August 1970: Überschreitung Timmelsjoch bis Reschenpass, mit Heini Holzer und Hermi Lottersberger

Wir waren morgens um 3:00 Uhr mit dem Lehner Hans sen. aufgebrochen und fuhren direkt zum Timmelsjoch. Dort angekommen, dauerte es nicht lange und wir wurden von den Wachposten der Finanzpolizei aufgehalten und in die Kaserne gebracht. Es war nämlich nicht erlaubt, sich vor 7:00 Uhr der Grenze zu nähern. Ein Beamter durchsuchte unsere Rücksäcke aufs Genaueste und wir mussten erklären, was wir um diese Zeit auf dem Timmelsjoch zu suchen hatten und vor allem was wir des Weiteren zu tun gedachten. Wir wurden behandelt wie Kriminelle. Zu alledem hatte Heini seinen Ausweis vergessen, er wurde abgeführt und nach Moos zum „Maresciallo“ in die Kaserne gebracht. Er wurde verhört wie ein Schwerverbrecher. Erst als man von der Schenner Kaserne den Bescheid erhielt, dass es sich bei Heini Holzer um einen unbescholtenen Bürger handelte, wurde das Verhör eingestellt und man ließ ihn wieder laufen, in Moos. Per Autostopp fuhr Heini dann zum Timmelsjoch und folgte uns nach. Wir waren inzwischen auf der Bankerjochspitze, 2879 m, gewesen und mittlerweile unterwegs zum Wurmkogel, 3082 m, als uns Heini auch schon wieder einholte. Froh, dass wir alle drei wieder beisammen waren, ging es weiter zum Königskogel, 3055 m, zum Granatenkogel, 3304 m, und schließlich zur Essenerspitz, 3200 m, bis 150 Meter unter dem Hochfirst (Übernachtung im Biwak, bei Neuschnee). Am nächsten Morgen erreichten wir um 8:00 Uhr den Gipfel des Hochfirst, 3405 m, gefolgt von der Sebertspitze, 3287 m, und dem Liebenerkogel, 3400 m, gelangten über den Grat zum Heuflerkogel, 3238 m, wanderten weiter zum Trinkerkogel, 3160 m, dem Scheiberkogel, 3135 m, dem Rotmasjoch, 3060 m, dem Rotmaskogel, 3338 m, und erreichten schließlich den Seelenkogel, 3470 m.

Vom Seelenkogel stiegen wir ab zur Zwickauerhütte, doch die war außer Betrieb, da sie 1967 gesprengt worden war. Der Regen wurde immer stärker und

In Summe waren wir 2700 Höhenmeter aufgestiegen und 3550 abgestiegen, hatten 14 Gipfel bestiegen und waren insgesamt zwei Tage unterwegs.

wir beschlossen, nach Pfelders im Passeiertal abzusteigen. Auch am nächsten Morgen regnete es stark und somit mussten wir die Tour abbrechen und mit dem Bus nach Schenna zurückfahren.

Ich wurde von jemandem erwartet ...

In Schenna erwartete mich bereits Thresl. Es war ein schönes Gefühl, zu wissen, dass da jemand auf mich wartete, der sich um mich Sorgen machte. Thresl und ich sahen uns immer öfter, sie stand mir zur Seite beim Ankauf von Klamotten und hatte sogar die Verwaltung meiner Finanzen übernommen. Im Umgang mit Geld hatte sie Erfahrung, sie war nämlich Verkäuferin beim Mairhofer

Hermi Lottersberger

Hans. Es war eine interessante Beziehung, wenn auch nicht immer einfach, dazu waren wir zu verschieden. Zwei ganz unterschiedliche Charaktere: Thresl stammte aus einer intakten Familie, wohlbehütet aufgewachsen und streng erzogen. Ich hingegen war herumgereicht worden wie ein Stück Vieh. Meine Erziehung, sofern man überhaupt davon sprechen konnte, hatten Lehrer und Vorgesetzte besorgt, also Außenstehende, die sich meiner annahmen. Somit war natürlich die ein oder andere Konfliktsituation schon vorprogrammiert. Wir haben es aber stets verstanden, offen mit unseren Problemen umzugehen. Keiner musste sich unterordnen, vielmehr haben wir zusammen diskutiert und manchmal auch gestritten. Man hat dem anderen nicht einfach nur „Recht gelassen", nein, es musste alles offen geklärt werden und ein „*in Frieden ze liab muesch lei stille sein*" gab es schon gar nicht.

Ich lieh meinem Vater mein Erspartes.

Womit wir auch wieder bei meinen Eltern wären. Mein Vater suchte mich auf, da er Probleme mit seinem Bau hatte. Von der Raiffeisenkasse hatte er keinen Kredit erhalten, lediglich eine Zusage von der Kreditbodenanstalt Trient konnte er vorweisen, aber dafür musste der Rohbau fertiggestellt sein. Dafür benötigte mein Vater Geld. Geld, das ich ihm leihen sollte. Nach Absprache mit Thresl beschloss ich Vater zu helfen und ihm bis zur Auszahlung des Kredits mein Erspartes zu leihen.

Meine Arbeit als Vertreter machte mir zwar Spaß, aber der Verdienst war nicht unbedingt berauschend, zudem machte mir ein ehemaliger Angestellter der Firma Degror, der sich selbständig gemacht hatte, das Leben schwer, indem er mir einen Kunden nach dem anderen mit enormen Preisabschlägen abwarb.

Ich stellte mich bei Mengele und Steiner vor.

Diese Situation war auf Dauer inakzeptabel. Als ich erfuhr, dass man bei der Firma Mengele und Steiner einen Technischen Zeichner suchte, wurde ich also bei deren Chef vorstellig und staunte nicht schlecht, als er mir das Dreifache von dem bot, was ich bei Degror verdiente. Es war dies der Zeitpunkt, wo ich begreifen lernte, dass man, wenn man bestimmte Ziele vor Augen hat, bestimmte Pläne im Kopf hat, für ihre Realisierung erst einmal eine wesentliche Sache benötigt: Geld. Ich kündigte meine Stelle als Vertreter, verkaufte meinen Lieferwagen und begann wieder zu zeichnen.

Ich war auch des Öfteren am Bau meines Vaters und besprach die Details mit dem Bachler Hias. Anfangs gingen die Arbeiten zügig voran, doch sobald die zweite Decke gegossen war, war auch schon wieder Schluss. Erneut war kein Geld mehr da, um den Dachstuhl und die Maurerarbeiten fürs Dachgeschoss zu finanzieren. Es kam eine Zeit des Stillstandes. Nach einiger Zeit versuchte mein Vater, den Rohbau zu verkaufen. Aber ein halbfertiger Rohbau war schwer an den Mann zu bringen und außerdem konnte sich niemand vorstellen, dass man in diesem Haus zehn Zimmer und eine Wohnung unterbringen konnte. Es ging also nichts weiter.

Bei Thresl zuhause im Schmiedhaus ging es hinsichtlich unserer Wohnung ebenfalls nicht voran, denn die Mieter im unteren Stockwerk wollten bleiben und waren nicht aus der Wohnung zu bringen. Das Projekt „Trautes Heim – Glück allein“ war also vorerst einmal auf Eis gelegt. Umso intensiver stürzte ich mich in meine Arbeit als Technischer Zeichner. Ich verdiente wirklich gut und außerdem bot es sich des Öfteren an, nebenbei noch private Projekte für kleinere Umbauten zu machen, wie Ausbauten von Dachböden und dgl. Ich durfte für meine privaten Vorhaben das Büro der Firma nutzen, was für mich sehr von Vorteil war, und so kam es nicht selten vor, dass ich am Tag zehn Stunden und mehr arbeitete. Man spürte förmlich den Aufschwung im Land. Der Fremdenverkehr florierte und die Wirtschaft ging rasant voran. Ich sah darin eine Chance und arbeitete, so viel ich eben konnte.

Meine Mutter hatte eine Idee.

Mutter unterbreitete mir die Idee, Vater den Rohbau abzukaufen. Eventuell könnten auch sie und Thresl sich finanziell daran beteiligen. „Zu dritt werden wir das schon schaffen“, war sie überzeugt.

Es folgte ein Gespräch mit Vater und siehe da, er war damit einverstanden. Wir mussten alle Schulden übernehmen und ihm eine fixe Summe ausbezahlen. In unserem Büro arbeitete eine Sekretärin, die früher bei einem Notar gearbeitet hatte und mir einen entsprechenden Vorverkaufsvertrag aufsetzte, den ich Vater zur Unterschrift vorlegte. Er unterschrieb und wir waren ab sofort Besitzer eines halbfertigen Rohbaues, glaubten wir …

Das Bergsteigen und Steilwandfahren wurde stark reduziert.

Das Trainieren mit Heini fiel fast zur Gänze aus. Heini meinte jedoch, wir wären sehr gut in Form, hätten mittlerweile jede Menge Erfahrung und sollten das unbedingt nutzen. Nur noch ein Jahr müssten wir weitermachen wie bisher, dann hätten wir die wesentlichen Abfahrten hinter uns und niemand, absolut niemand, könnte dann Ähnliches vorweisen wie wir.

Doch bei mir hatte sich in der Zwischenzeit einiges geändert. Ich sah für mich jetzt die Chance, ein Zuhause einzurichten, und außerdem hatte ich die Gelegenheit, zusätzlich etwas Geld zu verdienen – Geld, das wir dringend benötigten. Dass sich Thresl bei meiner Extremkletterei immer große Sorgen machte, konnte ich damals hingegen noch gar nicht verstehen, denn um mich hatte sich bis zu diesem Zeitpunkt niemand jemals Sorgen gemacht, absolut niemand. Erst viel später sollte auch ich erfahren, was es heißt, wenn man sich um einen seiner Lieben Sorgen macht.

Ich bei der letzten gemeinsamen Abfahrt mit Heini Holzer.

Die letzte Steilwandabfahrt

So kam es, dass Heini und ich am 3. April 1971 das letzte Mal gemeinsam eine Steilwand abfuhren, und zwar die Alpplattspitze-Südwestrinne (Sarntaler Alpen), 300 m, 35 bis 45 Grad steil. Eine gefährliche Steilwandabfahrt, die wir aber wie immer gut gemeistert haben.

Doch für mich war es voraussichtlich die letzte Steilwandabfahrt. Mir war klar geworden, dass man nicht alles haben kann, und zwei halbe Sachen, war und bin ich fest überzeugt, ergeben eben kein Ganzes.

Ich hatte in Heini einen guten Freund, einen großen Bruder im Geiste gefunden. Dennoch konnte ich nicht weiter in seine Fußstapfen treten, unsere Wege begannen sich zu trennen …

Ich hatte Heini gut kennen und überaus schätzen gelernt. Der „Feger", wie man ihn nannte, war ein tiefsinniger Mensch, ein Grübler. Er war ein echter Freund, ließ mich nie im Stich.

Ich mochte an ihm vor allem sein Lachen.

Übertreibungen und alpinistisches Jägerlatein missbilligte Heini aufs Schärfste!

Was ich an ihm besonders zu schätzen wusste: Er bereitete jede Tour bis ins kleinste Detail vor, man konnte sich hundertprozentig auf ihn verlassen.

Trotz allem, jeder muss seinen eigenen Weg gehen und ich hatte meine Entscheidung getroffen …

Am Bau ging es zügig voran, es musste viel organisiert werden.

Mein Leben sah von nun an ganz anders aus und drehte sich nicht mehr um sportliche Herausforderungen und mein persönliches Vergnügen daran: Neben dem Alltag im Büro ging es nun vor allem darum, am Bau die Arbeiten einzuteilen und zu organisieren.

Ein ehemaliger Maurer, den ich in meiner Lehrzeit kennen gelernt hatte, Albin Gufler aus Meran, half mir in dieser Zeit zusammen mit noch einigen Freunden am Bau. Nach kurzer Zeit hatten wir die Mauern für das Dachgeschoss hochgezogen, und der Zimmermann, der Neafeler (mein Vater hatte die Bedingung gestellt, dass sein Freund, der Neafeler, den Dachstuhl aufstellen sollte), begann mit dem Dachstuhl. Ich bereitete inzwischen die Pläne für Elektriker und Hydrauliker vor und mein angehender Schwiegervater montierte mit viel Freude am Detail die Überdachung am Hauseingang. Außer-

„Erfolg hat der, der das Richtige tut und keine Mühen scheut."
A.T.

Unser Rohbau

dem hatte ich Glück: Der Förster-Vater, damaliger Direktor der Raiffeisenkasse von Schenna, unterstützte mich beim Ansuchen um ein Darlehen tatkräftig, das mir dann tatsächlich in relativ kurzer Zeit ausbezahlt wurde. Der Auftrag für die Innentüren, die Fenster und die Balkontüren ging an eine Tischlerei in Meran.

Ich hatte jetzt keine Zeit mehr zum Bergsteigen oder für Steilwandabfahrten – jede freie Minute verbrachte ich am Rohbau oder beim Zeichnen und wohnte dabei immer noch im Kolpinghaus. Das bedeutete, bis spät abends am Rohbau zu arbeiten und nachts zum Schlafen wieder ins Kolpinghaus zu müssen.

Rings um den Rohbau mussten Mauern für den Parkplatz errichtet werden, was sehr aufwendig und mit großen Kosten verbunden war. Teilweise ging die Arbeit im Büro und am Bau über meine Kräfte und ich konnte vor Erschöpfung kaum mehr schlafen. Das wiederum schwächte mich für den folgenden Tag, es war ein Teufelskreis. Doch für mich gab es nur eins: durchhalten, denn was dich nicht umbringt, macht dich stärker.

Vater verweigerte die Unterschrift beim Notar.

Mein Vater war in dieser Zeit als Hirte in der Schweiz. Ich wartete also bis zum Herbst mit dem endgültigen Kaufvertrag, denn ich war der Meinung, ich hätte mit dem Vorverkaufsvertrag ein entscheidendes Dokument für die Besitzverhältnisse in der Hand. Ein gewaltiger Irrtum, wie sich bald herausstellen sollte. Als nämlich mein Vater im Herbst zurück nach Schenna kam, staunte er nicht schlecht über die Fortschritte und war sichtlich erfreut über das Haus.

So sehr, dass er plötzlich nichts mehr davon hielt, das Haus zu verkaufen, und beim Übergabetermin beim Notar plötzlich aufstand und ohne Unterschrift den Raum verließ. Er war rechtlich gesehen immer noch der effektive Eigentümer und auf der anderen Seite liefen der Kredit bei der Raiffeisenkasse, die Zahlungen und Verträge alle auf meinen Namen. Das war's. Nun stand ich ohne eine Lira in der Tasche da, mit nichts als Schulden und für die Zukunft absolut keine Perspektive.

Ich musste in dieser scheinbar ausweglosen Lage versuchen, das Unmögliche doch noch möglich zu machen. Nach Beiziehen eines Rechtsbeistandes versuchte ich meinen Vater doch noch zu überzeugen, seine Unterschrift unter den Kaufvertrag zu setzen. Nach längerer Aussprache und mit einigen Einschränkungen (z.B. durfte Thresl nicht ins Grundbuch eingetragen und somit Mitbesitzerin werden, sie war ja schließlich eine „*Fremme*") hatten wir ihn so weit gebracht, dass er seinen Namen unter einen ganz neuen Kaufvertrag setzte. Ehrlich gesagt konnte ich bis zuletzt nicht wirklich daran glauben, aber sobald nun diese Unterschrift gültig war, konnte ich endlich wieder atmen, frei atmen. Ich hatte in der Zwischenzeit schon vergessen, wie schön es sein kann, einmal tief durchzuschnaufen mit der Gewissheit, Besitzer eines Grundstücks mit einem entsprechenden Haus zu sein.

Thresl stand voll hinter mir.

Thresl wollte einen Teil der Zimmerdekoration selber machen. Sie konnte schöne Wandbehänge häkeln und außerdem wollte sie mit ihrem eigenen Ersparten die gesamten Vorhänge im Haus finanzieren. Sozusagen der Einrichtung eine eigene Note geben. Auch Mutter hatte fest am Bau mitgeholfen und ich war davon überzeugt, dass wir es schaffen würden. Wir planten, dass Mutter die Wohnung in Verdins behalten, bei uns aber ein Zimmer haben sollte – irgendwie fühlte ich mich, trotz der vielen Enttäuschungen, immer noch für sie verantwortlich.

Der Termin für die Hochzeit stand fest.

Nachdem nun so weit alles geregelt war, beschlossen Thresl und ich den Termin für unsere Hochzeit festzulegen. Es sollte der 10. Juni 1972 sein, ein wunderschöner Tag, den wir beide wohl nie mehr vergessen werden. Der Flarer-Luis traute uns in der Pfarrkirche von Schenna, da Thresl nicht in der St. Georgenkirche heiraten wollte, und das Hochzeitsmahl wurde im Saltnerhof eingenommen. 30 Gäste hatten wir geladen.

Es drehte sich an diesem Tag einmal alles nur um uns. Ein herrliches Gefühl, und ich wollte jeden Moment, jede Sekunde voll und ganz auskosten.

Unsere Hochzeitsreise führte uns nach Anif, einer kleinen Gemeinde im Salzburgerland, wo wir waren in einer kleinen Pension untergebracht waren. Nach 5 Tagen mussten wir auch schon wieder die Heimreise antreten, denn zuhause ging es mit Volldampf auf unserem Bau weiter. Wir wollten unsere Garni im Herbst noch unbedingt für einige Wochen für Gäste öffnen, eine wichtige und notwendige Einnahmequelle.

Die Prunner-Kinder Carmen, Klaus und Seppl sagen bei der Hochzeit ein Gedicht auf.

Das „Geplindre" soll endlich ein Ende haben, auch für meine Mutter.

Ich fühlte mich, wie schon gesagt, trotz meiner lieblosen Kindheit und Jugend für meine Mutter verantwortlich, sie hatte immerhin neben den alkoholischen Exzessen meines Vaters vier Kinder aufgezogen und musste unzählige Male die Mühen eines Umzugs von einem Dorf ins andere auf sich nehmen. Das „*Geplindre*" sollte endlich ein Ende haben. Nachdem Türen und Fenster montiert, das Haus innen und außen verputzt, die Möbel geliefert und eingebaut waren und sich die Maurerarbeiten nur mehr auf den Außenbereich konzentrierten, konnten wir im August 1972 unser neues Heim beziehen.

Ich spürte einen Zusammenhalt in der Familie, glaubte es zumindest ...

Alles war neu und wir konnten es kaum glauben, das alles geschafft zu haben. Gleich am nächsten Tag brachte ich morgens an unserer Einfahrt ein Schild mit der Aufschrift „Zimmer frei" an und am Abend hatten wir bereits das letzte Zimmer vergeben. In den ersten Tagen wurde viel improvisiert, trotzdem konnten wir unsere Gäste gut bewirten. Meine Mutter gab sich ebenfalls viel Mühe. Wir vermieteten erfolgreich bis Ende Oktober. Als Vater dann aus der Schweiz zurückkehrte, kam er

Haus Rothenburg – unser neues Zuhause

mir ganz verloren vor. Ich hatte jetzt zum ersten Mal einen Zusammenhalt in einer Familie gespürt und war voller Euphorie, sodass ich Thresl überredete, meinem Vater für den Winter ein Zimmer bei uns zu geben. Ich glaubte doch tatsächlich, unsere Familie in Einigkeit und Harmonie zusammenbringen zu können!

Haus Rothenburg

Das erste gemeinsame Weihnachtsfest

Weihnachten nahte und wir waren alle voller Vorfreude darauf, den Heiligen Abend zusammen im eigenen Haus zu feiern. Vater hatte mir fest versprochen, niemals betrunken nach Hause zu kommen, und hielt sich auch daran. Ich war am Ziel: die gesamte Familie friedlich beisammen, ohne Suff, ohne Schläge, ohne Angst, und das alles in einem wunderschönen, liebevoll eingerichteten Eigenheim. Es war eine sehr ergreifende Heilige Nacht und ich sah Vater an, dass ihm diese Harmonie zeitlebens gefehlt hatte, und war voll der Hoffnung, dass er nun endlich mit der Trinkerei aufhören würde. Alle gemeinsam besuchten wir abschließend die Christmette und es war endlich Weihnachten, so wie ich es mir vorstellte.

Ich wollte auch meinem Vater Familienanschluss anbieten.

Die gesamten Wintermonate wurde intensiv gearbeitet. Am Parkplatz wurde die Mauer erhöht und im Haus selbst wurden noch verschiedene Arbeiten nachgeholt. Thresl war es in der Zwischenzeit gelungen, die Dekoration für alle Gästezimmer mit viel Geschmack und Liebe zum Detail herzurichten, und wir freuten uns schon auf die auf uns zukommende Saison.

Es hätte alles so schön sein können, doch da war er auch schon wieder, der anfangs beschriebene rote Faden.

Thresl weinte, sie hatte so was noch nie erlebt.

Ende Februar kam mein Vater sturzbetrunken nach Hause, schimpfte lautstark und brüllte bis in die Morgenstunden beleidigende Worte. Thresl hatte so etwas noch nie erlebt und weinte. Ich versuchte, sie, so gut es ging, zu beruhigen. In dieser Nacht erduldete ich ein letztes Mal all die Beschimpfungen meines Vaters; zu Mittag des folgenden Tages kam dann mein Auftritt. Ich hatte Vater gewarnt, dass er beim ersten Fehltritt, den er sich in meinem Eigenheim leistete, hinausfliegen würde, und ich war konsequent. Ich ging direkt auf sein Zimmer, wo er immer noch dabei war, seinen Rausch auszuschlafen. Ich zwang ihn aufzustehen, nahm alle seine Kleider aus dem Schrank, legte sie aufs Bett und machte ihm klar, dass er innerhalb von einer Stunde das Zimmer und unser Haus zu verlassen hatte. Ich war eigentlich ganz ruhig, doch von einer unbändigen Entschlossenheit, denn ich hatte ständig Thresls Tränen vor Augen und hatte die Angst gesehen, die ihr in der letzten Nacht ins Gesicht geschrieben stand. Unmissverständlich erklärte ich meinem Vater, dass er meine Kindheit und Jugend zerstört hatte, ich ihm aber nicht die Möglichkeit geben würde, Ähnliches auch meiner Frau und meinen Kindern anzutun (Thresl war damals im fünften Monat schwanger). Vater hatte meine Aufforderung voll verstanden, stand auf und ging nach Verdins in seine Wohnung. Von diesem Moment an konnte ich mit ihm kein vernünftiges Wort mehr reden.

Der Suff brachte meinen Vater um.

Seinem Suff, den er für einige Monate mit Erfolg reduziert oder zumindest verheimlicht hatte, ließ er jetzt freien Lauf – bis zum bitteren Ende.

Ich musste mir noch mal allerlei einfallen lassen, um die Bank zufrieden zu stellen.

Nach dem Tod meines Vaters empfand ich immer mehr Verantwortung für meine Brüder und so kam es vor, dass in manchen Wintermonaten gleich alle drei Brüder bei uns wohnten.

Wir genossen es, im eigenen Haus zu wohnen. Allerdings mussten noch etliche Zahlungen getätigt werden, es flatterten nämlich laufend Rechnungen vom Bau ins Haus und ebenso waren die Raten für die Banken zweimal im Jahr fällig. So manches Mal mussten wir uns etwas einfallen lassen, um sie zufrieden zu stellen. Meine Arbeit bei Mengele & Steiner machte mir Spaß, außerdem arbeitete ich für Freunde und Bekannte, denen ich bei ihren Bauvorhaben mit Rat und Tat zur Seite stand, und konnte so noch einiges dazuverdienen. Wir schlängelten uns irgendwie durch den Alltag und ich kann mich noch gut daran erinnern, wie wir um Weihnachten 1976 das erste Mal ohne Komplikationen die Darlehensraten termingerecht bezahlen konnten. Es erschien mir wie im Märchen und es deutete wirklich alles darauf hin, dass wir es schaffen konnten.

Wie immer kam alles anders:

Ich wollte meiner Mutter eine Wohnung in Meran kaufen.

In den Wintermonaten waren ja wie erwähnt meine Brüder im Haus und eines Tages sagte mir meine Mutter bei einer Auseinandersetzung, dass sie jetzt endlich die Möglichkeit habe, auf ihre *Buabn* zu schauen. Ich war aber der Auffassung, dass dies nicht zu meinen Lasten gehen sollte. Ich wollte daher meiner Mutter eine Wohnung in Meran kaufen, sie hätte dann ihren eigenen Haushalt und könnte da ganz nach Belieben für ihre *Buabn* sorgen.

Als ich ihr den Vorschlag machte, war sie alles andere als einverstanden. Im Gegenteil, sie ließ unser Haus von einem Sachverständigen schätzen und wollte die Hälfte davon ausbezahlt bekommen. An den Kaufvertrag, an dem sie zu einem Drittel beteiligt war, konnte bzw. wollte sie sich plötzlich nicht mehr erinnern und bemerkte nur: „Es zählt nur das, was im Grundbuch steht", und damit hatte sie Recht. Sie war im Grundbuch zur ungeteilten Hälfte eingetragen und hatte mich also diesbezüglich in der Hand. Ich konnte nur geltend machen, dass mein Verdienst in den letzten Jahren zur Tilgung der Schulden an die Bank überwiesen worden war und die Thresl voll im Betrieb gearbeitet hatte. Das Schlimmste für mich war, dass mich meine Mutter plötzlich wie eine fremde Person behandelte. Auch wenn sie sich nie um mich gekümmert hatte, hatte ich immer auf sie geschaut, war ihr beigestanden, wenn Vater mal wieder betrunken war, und jetzt das … Man bedenke, dass sie bei der Übernahme des Rohbaus lediglich „einen alten Rock unter ihrem Hintern" besaß und sonst nichts. Die Enttäuschung war groß. Zum zweiten Male hatte mich meine eigene Mutter verschachert, nur dieses Mal ließ sie es sich gut bezahlen.

Es war der Punkt, wo ich nun auch mit meiner Mutter endgültig abgeschlossen hatte; ich sah in dieser lieblosen Frau nur mehr meine Erzeugerin, sonst nichts. 1977 zog sie endgültig aus und kaufte sich in Meran eine kleine Wohnung.

Wir mussten aufs Neue Schulden machen.

Wir mussten zwei neue Darlehen aufnehmen und hatten somit mehr Schulden als der Nachbarshund Flöhe, aber daheim war endlich wieder Frieden eingekehrt. Ich hatte in der Zwischenzeit eine neue Arbeitsstelle in einem technischen Büro bei der Fa. Kinkelin. Es war mein Traumjob. Ich kam gut mit meinen Mitarbeitern aus und die Arbeit war genau das, wovon ich immer geträumt hatte. Ich zeichnete Polierpläne, Ausschreibungen und Einreichpläne, ab und zu machte ich auch Bauaufsicht, und der Verdienst war angemessen. Die Darlehenszinsen waren inzwischen aber auf über 20% gestiegen und hatten die Kalkulation für der Rückzahlung der Halbjahresraten wieder vollkommen durcheinander gebracht. Trotz der schwierigen finanziellen Verhältnisse hatte ich Zukunftspläne und Träume, die ich irgendwie auch realisieren wollte: Ich wollte beruflich selbständig werden und in meinem eigenen technischen Büro arbeiten.

Ich habe Heini aus den Augen verloren.

Die Beziehung zu Heini Holzer war in der Zwischenzeit eingefroren. Wir hatten uns aus den Augen verloren, nicht zuletzt deshalb, weil er wusste, dass ich mit seiner familiären Situation nicht einverstanden war.

Erika hat mir leid getan.

Heini hatte versprochen, die Kletterei der Familie zuliebe zu reduzieren, hatte sein Versprechen jedoch nicht eingehalten, im Gegenteil, jede freie Minute war er in den Bergen. Erika, seine Frau, tat mir leid. Sie musste zwei Kinder großziehen – im Bewusstsein, wie gefährlich seine waghalsigen Unternehmungen waren, und mit der ständigen Angst, dass Heini eines Tages nicht mehr zurückkehren würde.

Heini Holzer

Heini ging mir aus dem Weg, bis zu einem Juni-Tag, an dem ich ihn in Meran traf. Wir grüßten uns und ich spürte, dass er das Gespräch suchte, obwohl wir schon seit längerer Zeit nicht mehr gut aufeinander zu sprechen waren. Heini erzählte mir von seiner letzten Tour und versicherte mir, dass er nur noch ein paar wenige Abfahrten vorhabe und dann die extreme Steilwandfahrerei an den Nagel hängen wolle. Er habe ein tolles Angebot von der Illustrierten „BUNTE" bekommen und solle alles Bildmaterial und alle Rechte an diese abtreten.

Er nannte mir die Summe nicht, die er bekommen sollte, sondern sagte nur, dass er damit ein schönes Einfamilienhaus in Schenna bauen könnte. Ich beglückwünschte Heini und bestärkte ihn darin, dieses Geschäft so schnell wie möglich abzuschließen und diese Angelegenheit nicht zu lange hinauszuschieben.

„Heini! Mach Nägel mit Köpfen."

Ich sagte: „Heini, du hast so viel gemacht, so viel geleistet, was wahrscheinlich keiner mehr zu leisten im Stande ist, und hast in deiner Bescheidenheit bis heute fast alles aus der eigenen Tasche finanziert. Mach endlich Nägel mit Köpfen und verkauf deine Dias mit allen Rechten. Du hast Kinder und eine Familie, das heißt, du musst Verantwortung übernehmen, damit du auch einmal einen eigenen Besitz hast." Ich spürte, dass ich ihn überzeugt hatte, jedoch beendete er das Thema mit einem abschließenden „Aber". „Aber noch zwei, maximal drei Abfahrten habe ich schon vorbereitet und durchgeplant und dann, dann ist endgültig Schluss", waren seine Worte.

Ein kräftiger Händedruck

Ich verabschiedete mich von Heini mit einem kräftigen Händedruck, so wie wir ihn uns zum „Berg Heil" nach jeder unserer Touren gegeben hatten, und ich spürte, dass ihm dieses Gespräch gut getan hatte. Niemals hätte ich auch nur im Entferntesten daran gedacht, dass dies mein letztes Gespräch mit Heini Holzer, mit dem ich so viel erlebt hatte, sein sollte …

Ich war davon überzeugt, dass Heini die Kurve noch kriegen würde.

Als mich am 4. Juli 1977 die Nachricht von Heinis Tod ereilte, glaubte ich den Boden unter den Füßen zu verlieren. Wir waren beide auf dem aufsteigenden Ast, hatten durch die Berge unser Selbstwertgefühl trotz widriger Umstände wiedererlangt, waren auf dem besten Weg, ein familiär und finanziell abgesichertes Leben zu führen, und jetzt das. Plötzlich erinnerte ich mich an die Abfahrt der Payerspitze-Nordostwand. Ungefähr in der Mitte war so eine trichterförmige Stelle, steil und sehr eng. Ich war seinerzeit bereits unterhalb derselben, als ich meinen Blick nach oben richtete und sah, wie Heini das Gleichgewicht verlor, sich überschlug und kopfüber in den Trichter hinunterrutschte. In mir stockte bei diesem Anblick das Blut, ich konnte nicht mehr atmen und es war mir, als hätte jemand eine Schlinge um meinen Hals gelegt, die sich immer weiter zuzog. Damals konnte sich Heini wie so oft durch ein Wunder retten, da sich seine Skier im Trichter verkeilten und er kopfüber hängen blieb. Allein durch seine unbändige Kraft konnte er sich nach oben schieben und sich somit aus dieser lebensgefährlichen Lage befreien. Als ich Heini damals auf den Trichter zurutschen sah, war ich starr vor Schreck und völlig am Boden, und genauso erging es mir jetzt, abgesehen davon, dass dieses Mal keine Hoffnung auf ein erneutes Wunder möglich war. Erst ein paar Tage zuvor hatte ich noch mit ihm gesprochen und war fest davon überzeugt gewesen, dass auch er die Kurve noch

Heinis Grab im Friedhof von Schenna

kriegen würde und dass vielleicht auch in seinem Familienleben alles wieder gut werden könnte. Und jetzt war er tot.

Meine Gedanken waren nur mehr bei Heini. Wie ein Wasserfall rauschten die Erinnerungen an unsere gemeinsamen Erlebnisse durch meinen Kopf. Ich dachte immer wieder daran, wie es wohl mit seiner Frau Erika und den Kindern weitergehen sollte. Das Schlimmste für mich war die Beerdigung auf dem Friedhof in Schenna. Es war zwar schönstes Wetter und der Ifinger leuchtete in der Sonne, als wolle er sich Heini Holzer zu Ehren nochmals von seiner schönsten Seite zeigen, doch die Gesichter, in die ich schaute, waren traurig, sehr traurig. Viele seiner ehemaligen Bergkameraden waren gekommen und man merkte ihnen die Bewunderung für Heinis alpine Leistungen an. Natürlich waren auch sämtliche Dorfbewohner gekommen, um Abschied zu nehmen, doch die Bewunderung galt da wohl eher dem immer geselligen Kaminkehrer und weniger seiner alpinen Leidenschaft, steile Eishänge abzufahren.

Keiner hat das Recht, über andere zu urteilen.

Ich hatte den Eindruck, als träfen mich vorwurfsvolle Blicke aus allen Richtungen, und ich glaubte förmlich zu hören, was sie dachten: „Der war doch auch dabei, der Ander, auch so ein Verrückter, verantwortungslos – der Heini hatte immerhin eine Frau und zwei Kinder, was muss man sich dann auch so einer Gefahr aussetzen ..." Ich dachte nur, dass wir alle kein Recht hatten, über ihn zu urteilen, er ging eben seinen Weg, den Weg, den er für richtig hielt.

Heini Holzer hatte eine schlimme Kindheit, ähnlich der meinigen – verblüffend ähnlich sogar: Nachdem seine Mutter Maria ihren Ehemann, Heinis Vater, im Krieg verloren hatte, zog sie auf den „Brunnerhof" nach Schenna und lernte dort ihren neuen Lebenspartner Josef Kröss kennen, den sie dann auch heiratete. Heini wuchs in ärmlichsten und unstabilen Verhältnissen auf. Schon bald bezog die junge Familie das „Salchthal", ein Holzhäuschen 1500 Meter oberhalb von Schenna. Mit fünf Jahren musste der Knirps bereits am Fuße des Ifingers Kühe hüten. Anfang der 50er Jahre zog die Familie nach Latsch. Heinis Stiefvater arbeitete im hinteren Martelltal am neuen Staudamm der Montecatini-Werken. In Latsch verbrachte der Bub seine ersten beiden Schuljahre. Auch Heinis Stiefvater begann zu trinken und zwei Jahre später zog die Familie wieder um, direkt ins Dorf Martell. Wiederum galt es für den schmächtigen achtjährigen Buben, sich an ein neues Umfeld zu gewöhnen, neue Freunde zu finden. Die Sommer verbrachte Heini als Hirte und war viel allein. Ein traumatisches Ereignis war eine ungerecht harte Bestrafung in Form einer schmetternden Ohrfeige von seinem Stiefvater, die ihn die bittere Lektion lehrte, sich im Notfall nur auf sich selbst verlassen zu können. Nach drei Jahren stand wieder ein Umzug an – zurück ins Burggrafenamt, nach Riffian, wo ich Heini das erste Mal begegnete und wir uns näher kennen lernten.

„Heini lebt in meinen Gedanken weiter, ich höre noch immer sein herzhaftes Lachen. Er war ein außergewöhnlicher Mensch, ständig auf der Suche nach Bestätigung und Anerkennung auf der einen Seite und bescheiden und verschlossen auf der anderen Seite. Er hatte einen unbändigen Willen. Heini war in seiner Statur klein, in seinen alpinen Leistungen aber einer der Größten im Alpenraum. Er hat es leider nicht geschafft, seine Karriere zu Ende zu bringen und gleichzeitig sein privates Glück auch wirklich festzuhalten.“

„Sei fleißig!
Fleiß bringt durchschnittlich Begabte weiter als Genialität Faule. Die wirklich Großen dieser Welt haben ein gemeinsames Erfolgsgeheimnis: Sie sind harte Arbeiter. Nur in wenigen Dingen kannst du tiefere Befriedigung finden als in deiner Arbeit. Mach deine Arbeit immer ein bisschen besser als erwartet, überrasche die Menschen positiv.“
J. Todenhöfer

Selbständig, mein eigenes Büro

Wie bereits erwähnt, hatte ich den Traum, eines Tages selbständig zu werden. Dafür benötigte ich ein eigenes Büro. Ich hatte den geeigneten Platz bereits ausgesucht, in unserem Garten ein Nebengebäude zu errichten, und war mir auch der zu erwartenden Kosten bewusst: Ich beschloss, die Maurerarbeiten selbst zu verrichten, die Zimmermannsarbeiten einem Freund zu übergeben und einen Kostenvoranschlag für die

Mein Büro

Einrichtung einzuholen. Ich weiß nicht mehr wie, aber trotz eines schier unüberwindbar scheinenden Schuldenbergs konnte ich Thresl von meinem Vorhaben überzeugen. Im Januar 1979 war es dann so weit: Mit viel Fleiß und Willenskraft war mein eigenes Büro fertiggestellt. Ich kündigte bei der Firma Kinkelin und war ab sofort mein eigener Chef – Chef eines selbständigen technischen Baubüros.

Ich bekam von meinem Ex-Chef Aufträge.

Ich erhielt erste Aufträge und das Ganze begann zu laufen .... Zu dieser Zeit herrschte in Schenna und Umgebung ein regelrechter Bauboom und ich rechnete mir eine gute Auftragslage aus. Auch von meinem früheren Chef bekam ich zusätzlich Arbeit und es dauerte nicht lange und ich brauchte eine Bürogehilfin. Diese Aufgabe übernahm die Mair Greti, Frau eines bekannten Gärtners aus Meran. 50er Pläne, Bauaufsicht und Ausschreibungen waren zu erledigen. Es ging wirklich flott voran.

Wenn du mehr erreichen willst als dein Nachbar, dann arbeite mehr als er.
Du kannst nämlich aus dem Brunnen des Lebens nur das herausnehmen, wie viel du hineingegeben hast.
J. Todenhöfer

Die Thresl hatte in der Zwischenzeit die Garni gut im Griff. Wir waren in der Saison gut ausgebucht und hatten zum Großteil Stammgäste. Am Abend wurde noch gekocht und manchmal auch mit den Gästen gefeiert.

Der Kaffee war heiß!

Eine nette kleine Geschichte, die damals vorgefallen ist, möchte ich im Folgenden erzählen: Bei uns wohnte ein alleinstehender weiblicher Gast, den ich nicht besonders gut leiden konnte, denn die betreffende Dame wusste einfach alles besser und ständig hatte sie etwas auszusetzen. Ihr Lieblingsspruch war: „So etwas gibt es bei uns nicht." Auf jeden Fall kam es so, dass Thresl eines Tages schon in der Früh beizeiten wegfahren musste und daher mich beauftragte, den Gästen das Frühstück zu servieren. Vor allem betonte sie, dass ich den Kaffee für besagte Frau zusätzlich aufwärmen sollte, denn er musste ihr ganz heiß serviert werden. Irgendwie ahnte meine Frau schon, dass ich ihren Auftrag nicht ganz ernst nahm, und bekräftigte nochmals: „Der Kaffee für Frau Meier muss ganz heiß sein!" Und es kam, wie es kommen musste. Frau Meier bestellte, wie die anderen Gäste auch, ihr Frühstück, allerdings mit dem Zusatz: „Herr Tscholl, einen heißen Kaffee." Ich dachte mir nur: „… den sollst du haben." Unsere Kaffeekannen waren aus Inox und nachdem ich den Kaffee eingefüllt hatte, wärmte ich den Henkel der Kaffeekanne über dem Gasherd so lange auf, bis er rot glühte. Dann brachte ich Frau Meier ihren Kaffee und machte sie freundlich darauf aufmerksam, dass er heute besonders heiß sei und sie deshalb bitte vorsichtig sein solle. Ich bewegte mich wieder in die Küche und nachdem ich genüsslich einen lauten Schrei aus dem Frühstücksraum vernommen hatte, wusste ich, dass der Kaffee heiß genug war. Ich staunte nicht schlecht, als sie mir danach sagte, sie sei mit meinem Kaffee sehr zufrieden gewesen, und meiner Frau erzählte, dass mein Kaffee wesentlich heißer gewesen sei als der ihre …

Alexander, Judith und unser Schäferhund Enno

Die größte Freude: unsere beiden Kinder

Am meisten Freude in dieser Zeit bereiteten mir unsere Kinder Judith und Alexander. Judith wurde im Juni 1973 geboren und ein Jahr später, im Mai 1974, kam auch schon unser Sohn Alexander zur Welt.

Ich war so stolz auf unsere Kinder, dass beim sonntäglichen Spaziergang ich den Kinderwagen schob. Damals war das Schieben von Kinderwagen ausschließlich Frauensache, für einen Mann absolut untypisch – sozusagen ein absolutes NO GO. Das war mir aber völlig egal, jeder sollte sehen, wie ich zu meinen Kindern stand. Für mich stand fest, dass ich alles für sie tun würde und dass ich sie nie, niemals verprügeln würde, ganz egal, was sie auch immer angestellt hatten.

Hundeliebe und Hundesport

Für meine stets bescheidene Freizeit hatte ich mir einen Hund gekauft. Ich hatte immer schon eine Schwäche für schöne Schäferhunde und hatte erfahren, dass

Ausflug nach Gsteier

es in Morter, beim Eingang ins Martelltal, einen Übungsplatz für Hundehalter gab. Zwei Latscher, ein Metzger und ein Jagdaufseher, hatten dort im Jahr 1976 einen Verein gegründet. Und so fuhr ich an einem Sonntag mit meiner Familie nach Morter. Zufällig wurde genau an diesem Tag die erste Vereinsprüfung abgehalten. Wir waren fasziniert von den Hunden und für mich war sofort klar, dass ich im Verein für Deutsche Schäferhunde Morter-Latsch Mitglied werden wollte. Im Verein wurde trainiert, probiert und gefachsimpelt und es kamen immer mehr Hundeliebhaber aus dem Burggrafenamt dazu, sodass wir eines Tage beschlossen, einen eigenen Verein in der Meraner Gegend zu

Südtiroler Mannschaft in Telfs 2006

gründen. Wir waren 10 Gründungsmitglieder und als unseren 1. Präsidenten wählten wir Herrn Dr. Hubert König. Es war eine schöne Zeit. Unser Übungsplatz war das Bachbett der Falschauer in Lana, eine mit Stauden, Dornen und Steinen übersäte Fläche. Es gelang uns, im Laufe der Zeit daraus eine ebene grüne Fläche zu machen. Auf den angrenzenden Bäumen wurden Scheinwerfer montiert und somit konnte auch abends noch trainiert werden. Wie gesagt, meine Freizeit war sehr beschränkt, trotzdem hatte ich dabei einige tolle Erfolge zu verzeichnen: In dieser Zeit wurde ich dreimal Vereinsmeister, einmal Landesmeister und Burgenturniersieger. Etliche Male wurde ich Jahressieger und bevor ich den Hundesport 2006 an den Nagel hängte, wurde ich Tagessieger bei der Internationalen Vahrnerseetrophäe und 14 Tage später Tiroler-Sieger in Telfs in Tirol.

Mein Hund Lauser

Die Hundesportler waren am glücklichsten in der Aufbauphase. Nachher, als wir alles hatten, einen schönen grünen Platz und ein tolles Vereinsheim, verloren wir unser Ziel aus den Augen. Wir wurden unzufrieden, verloren den gegenseitigen Respekt.
Der Erfolg blieb aus, zurück blieb ein Scherbenhaufen!

Ich fühlte mich einfach wohl.

Zu diesem Zeitpunkt hatte ich eigentlich alles erreicht, was ich mir je vorgenommen hatte: Ich hatte eine eigene Familie, ein Eigenheim und war zudem auch noch selbständig. Auch ins Dorfleben hatte ich mich gut integriert und spielte Theater, wann immer es mir möglich war. Auch bei der Freiwilligen Feuerwehr Schenna wurde ich Mitglied und der 3. Gruppe zugeteilt. Ich fühlte mich rundum wohl.

Thresl und ich

Alexander und Judith

Das Zeichenbüro in Flammen

Doch es wäre nicht mein Leben gewesen, eben das des Tscholl Ander, wenn da nicht noch etwas gekommen wäre. Und es kam – knüppeldick.

Am Goldenen Sonntag 1981, Thresl und ich wollten gerade im Schmiedhaus bei den Schwiegereltern Dias vorführen, bemerkte ich, dass ich ein Anschlusskabel vergessen hatte, und fuhr zurück. Da bemerkte ich, dass mein Büro in Flammen stand. Ich wollte sofort telefonisch die Feuerwehr verständigen, doch die Telefonanlage war mit dem Büro gekoppelt und funktionierte folglich nicht mehr. Wie der Blitz raste ich zur Feuerwehrhalle und löste den Alarm aus. Im Nu waren die Wehren von Schenna und Verdins zur Stelle und konnten gerade noch das Übergreifen der Flammen auf unser Wohnhaus verhindern. Das Büro wurde jedoch ein Raub der Flammen und brannte vollständig aus.

Es blieb nichts mehr übrig außer den Schulden auf der Bank.

Der Schock war groß. Erst am nächsten Morgen erfasste ich, was da passiert war und vor allem was für ein enormer Schaden entstanden war: All die Zeichnungen für die Kunden, die Bücher, Unterlagen und die gesamte Büroeinrichtung waren

Die Überreste vom Büro

verbrannt. Es war nichts mehr übrig geblieben, die Lage aussichtslos. Kein Büro, kein Einkommen und der Schaden von ca. 84 Mio Lire von der Versicherung nur teilweise abgedeckt. Wieder einmal stand ich vor dem Nichts, und zu allem Überfluss erreichten damals die Sollzinsen einen Höchstwert von 25 %. Wir standen kurz vor dem Ruin. Ich war am Ende, auf jeden Fall konnte ich mir nicht vorstellen, dass es unter dem tiefen Keller, in dem ich mich befand, noch ein Untergeschoss gab.

Der ganze bürokratische Aufwand und die unzähligen Verhandlungen mit der Versicherung, bis man uns endlich eine Auszahlung von gerade einmal 34 Millionen Lire zusagte, nagten sehr an meiner Psyche. Thresl machte mir den Vorschlag, mit einigen Freunden von der Feuerwehr ins Ahrntal zum Skilaufen zu fahren, um auf andere Gedanken zu kommen und den Stress der letzten Wochen zu bewältigen.

Es kam noch schlimmer: Ein Unglück kommt selten allein.

Der Ausflug tat mir gut, wir hatten eine Riesengaudi und für einige Stunden konnte ich die Misere zuhause vergessen. Es war genau ein Monat nach dem

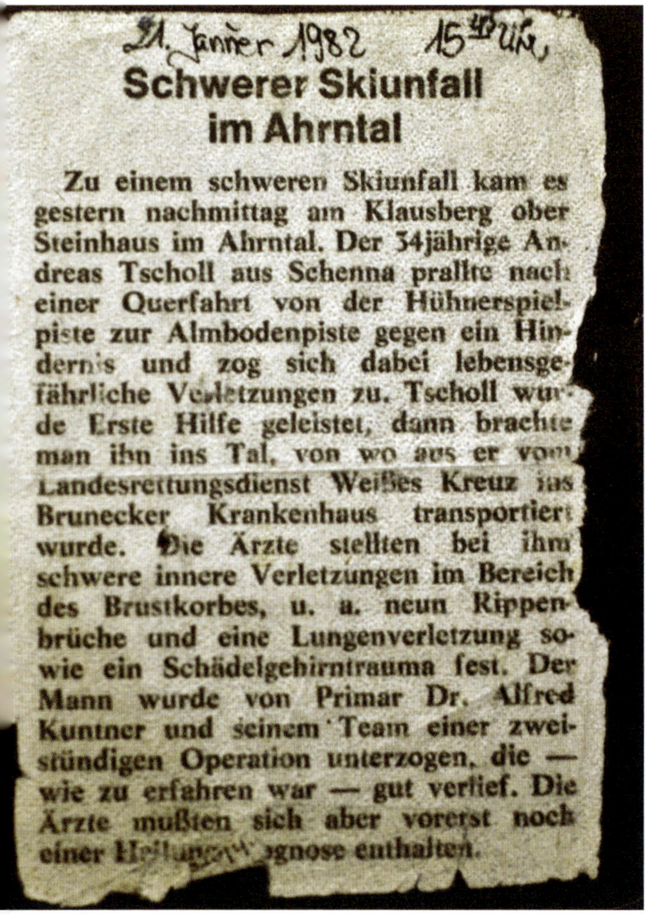
21. Jänner 1982 15^{40} Uhr

Schwerer Skiunfall im Ahrntal

Zu einem schweren Skiunfall kam es gestern nachmittag am Klausberg ober Steinhaus im Ahrntal. Der 34jährige Andreas Tscholl aus Schenna prallte nach einer Querfahrt von der Hühnerspielpiste zur Almbodenpiste gegen ein Hindernis und zog sich dabei lebensgefährliche Verletzungen zu. Tscholl wurde Erste Hilfe geleistet, dann brachte man ihn ins Tal, von wo aus er vom Landesrettungsdienst Weißes Kreuz ins Brunecker Krankenhaus transportiert wurde. Die Ärzte stellten bei ihm schwere innere Verletzungen im Bereich des Brustkorbes, u. a. neun Rippenbrüche und eine Lungenverletzung sowie ein Schädelgehirntrauma fest. Der Mann wurde von Primar Dr. Alfred Kuntner und seinem Team einer zweistündigen Operation unterzogen, die — wie zu erfahren war — gut verlief. Die Ärzte mußten sich aber vorerst noch einer Heilungsprognose enthalten.

Ausschnitt aus der Tageszeitung „Dolomiten“

Bürobrand, bei der letzten Abfahrt zusammen mit dem Walchen-Hias, da passierte es …

Nun war alles aus, endgültig vorbei.

Der Schock war groß, als meine Frau von dem Unglück erfuhr: zwei kleine Kinder, ein abgebranntes Büro, Schulden über Schulden und jetzt auch noch der Mann mit lebensgefährlichen Verletzungen auf der Intensivstation. Für Thresl war dies die allerschlimmste Zeit ihres Lebens. Sie fuhr gleich am nächsten Tag nach Bruneck ins Krankenhaus. Allerdings konnte man ihr zu diesem Zeitpunkt nichts Genaues über meinen Gesundheitszustand sagen und keiner wusste, wie es weitergehen sollte. Es schien aussichtslos.

Einige wenige haben, ohne lange zu fragen, Hand angelegt.

Am fünften Tag wachte ich auf. Ich starrte auf die weiße Decke der Intensivstation, war an eine Menge Schläuche angeschlossen, konnte kaum atmen.

Ich lag einfach da und begriff meine Lage nicht. Erst bei der Visite erklärte mir ein Arzt, dass ich bei einem Skiunfall schwere Verletzungen davongetragen hatte und dass ich jetzt bereits außer Lebensgefahr sei. Schon am nächsten Morgen wurden die Schläuche entfernt. Mein Bestreben war es, das Krankenhaus so schnell wie möglich zu verlassen. Nach 12 Tagen Intensivstation kam ich nach Hause. Ein

Freund, der Gemeindearzt von Lana, Dr. König, betreute mich zwei Monate lang, nur so war die frühzeitige Entlassung aus dem Krankenhaus überhaupt möglich.

In dieser schweren Zeit haben uns liebe Menschen unterstützt und Hand angelegt, wo immer es ging, ohne viele Fragen, ohne langes Zögern. Diesen Menschen möchte ich Danke sagen, sie waren da und haben uns in schwierigen Zeiten geholfen – ein aufrichtiges Vergelt's Gott.

Ich habe eine wunderbare Frau.

Mit eiserner Willenskraft und der Fürsorge meiner Frau gelang es mir, in relativ kurzer Zeit wieder eine Zukunft aufzubauen – eine neue Zukunft.

Der Bausektor wurde durch eine Krise stark gebeutelt und es wäre damals schwierig gewesen, als Technischer Zeichner wieder Fuß zu fassen. Ich sah meine berufliche Zukunft im Handwerk.

Ich musste sofort wieder Fuß fassen. Das Einzige, was ich hatte, war ein starker Wille.

Bereits in meiner Zeit als Maurer hatte ich mit dem Rohstoff Stein zu tun gehabt und das einzige Kapital, über das ich in diesem Moment verfügte, waren meine Kreativität und mein Wille, wieder etwas auf die Beine zu stellen. Ich wurde also Steinmetz.

Blumenschau Bozen (1984); Landeshauptmann Dr. Silvius Magnago

Im Jahr 1983 startete ich durch: kein Geld, keine Kunden, keine Maschinen und vor allem kein Arbeitsplatz. Doch ich hatte eine Idee: Ich wollte Natursteinbrunnen herstellen, wie sie so nicht üblich waren. Ich fertigte ein Prospekt

Steinmetz-Betrieb in der Naif

an und beteiligte mich an der Blumenschau in Bozen. Dafür hatte ich fünf verschiedene Brunnen angefertigt und aufgestellt. Es wurde ein Riesenerfolg. Bereits in den ersten zwei Tagen waren alle fünf Brunnen verkauft und die Nachfrage war groß.

Von der Schottermühle Klammsteiner am Schießstand übersiedelte ich im Jahr 1985 in die Naif und kaufte dort ein Grundstück. 1990 wurde die Halle gebaut, 1992 das Büro und 1995 hatte ich bereits 6 Mitarbeiter. Inzwischen hatte ich auch die Meisterprüfung für Steinmetze absolviert und war im Ausschuss in der Berufsgemeinschaft des LVH tätig. Weiters wurde ich in die Prüfungskommission der Steinmetzschule in Laas berufen, wo die Gesellen- und Meis-

Auch aus Steinen, die einem in den Weg gelegt werden, kann man etwas Wertvolles schaffen.
T. 1985

terprüfungen abgehalten wurden. Mittlerweile wird im Betrieb dank der tüchtigen Mithilfe unserer Kinder so ziemlich alles, was aus Stein gefertigt werden kann, hergestellt.

Im Jahr 1985 stellte sich bei uns nochmals Nachwuchs ein, unsere Tochter Katharina. Außerdem hatten wir im Februar 1984 die Tochter meines Bruders Florian, Christine, in unserer Familie aufgenommen. Wir hatten viel Freude mit unseren Kindern, denn wir hatten nun zwei große Kinder, Judith und Alexander, und zwei kleine: eine blond und die andere pechschwarz.

Drhuam isch Wirklichkeit.

Wenn ich es auch geschafft hatte, mir ein Familienleben aufzubauen, wie ich es mir immer gewünscht hatte, und ich mir mit meiner Frau Thresl und meinen Kindern ein wahres *Drhuam* geschaffen hatte, waren da trotzdem immer wieder Gedanken und Gefühle in meinem Herzen für meine Mutter und meine Brüder, mit denen ich schon seit Jahren keinen Kontakt mehr hatte, keinen Kontakt mehr wollte. Eigentlich hatte ich dieses Thema abgeschlossen, zu oft war ich verletzt worden und zu tief waren die Wunden, als dass ich mich noch einmal aufraffen wollte, mit meiner Mutter ins Reine zu kommen.

Doch gerade, wenn man es am wenigsten erwartet, passieren Dinge, die man sich niemals hätte vorstellen können:

Zwei Tage vor Weihnachten bekam ich Besuch von meinem Bruder Veit. Er stand

Christine und Katharina

Weihnachten (1987)

vor mir mit einer Flasche Wein und wünschte mir ein frohes Weihnachtsfest. Nach so vielen Jahren des Schweigens stand plötzlich mein eigener Bruder mit einer Flasche Wein aus der Toskana in der Hand vor mir. Ich wusste ehrlich gesagt nicht, was ich von dieser Situation halten sollte. Er sagte, dass es unserer Mutter, sie war inzwischen 87 Jahre alt, nicht besonders gut ging und dass er ein Treffen organisieren wolle: alle vier Brüder und Mutter, in der St.-Georgen-Kirche in Schenna.

Ausgerechnet St. Georgen, wo wir jahrelang gelebt hatten und mit dem ich eigentlich keine besonders guten Erinnerungen an meine Mutter und meinen Vater verband. Doch die Idee, ein Familientreffen nur mit uns fünf zu organisieren, fand ich gut und ich war überzeugt, sie kam von Herzen. Eine Woche später kamen wir in der Kirche von St. Georgen zusammen. Veit hatte für alle eine Kerze mitgebracht und nachdem wir sie angezündet und auf dem Altar abgestellt hatten, reichte jeder jedem die Hand zur Versöhnung und wir setzten uns in die Kirchenbank. Die alten Mauern, das kleine Licht der einzelnen Kerzen, das gegenseitige Händereichen gaben mir den Frieden und die Freude im Herzen wieder, nach denen ich so lange gesucht hatte.

Meine Brüder Seppl, Veit und Florian

… und wenn ich hier heute mit meinem Hund am Gipfel sitze und die Schönheit und Vielfältigkeit dieser Welt bewundern kann, dann wohl nur im Bewusstsein, ein Zuhause zu haben. Ein Dach über dem Kopf, eine Frau und Kinder, die mich zuhause erwarten, und zu wissen, dass man einen Beruf erlernt hat, mit dem man diese Familie auch ernähren kann. All diese Sicherheiten, welche ein *Drhuam*, mein *Drhuam*, ausmachen, musste ich mir schwer erarbeiten. Es war natürlich viel Glück dabei und trotz (vielleicht auch wegen) der vielen Rückschläge, die mich nie von meinem Weg abkommen ließen, sitze ich heute hier voll Zufriedenheit und Genugtuung und denke mir, es hat wohl alles so kommen müssen, wie es gekommen ist. Abschließend lasse ich noch einmal meinen Blick schweifen über dieses gelobte Land und freue mich bereits auf den Abstieg, zurück zur Arbeit, zu meiner Familie, ich freue mich auf

mein DRHUAM

Martina Mantinger

Gsessn isch man lei ban Essn

Villnösser erzählen, wie es einmal war

304 Seiten, 16,5 x 24 cm
Pappband
Historisches Fotomaterial,
ISBN 978-88-8266-818-1

»Damit nicht die Zeit kommt, wo niemand mehr weiss wie es damals war ... «

Unter diesem Motto erzählen 23 Villnösserinnen und Villnösser, die zwischen 1919 und 1936 geboren sind, aus ihrem entbehrungsreichen Leben.
Die Frauen und Männer berichten von ihrer Kindheit, ihren Erlebnissen in der faschistischen Schule, der Option und dem harten Alltag in der Kriegs- und Nachkriegszeit. Zum Herumsitzen und Rasten hatten die Menschen jedenfalls keine Zeit, denn »gsessn isch man lei ban Essn«

Dank

Mein großer Dank gilt dem „Tyroler Ander“ (Unterthurner Andreas, Co-Autor). Er hat mich ermutigt, meine Geschichte in ein Buch zu fassen und hat viele Stunden seiner Freizeit geopfert. Sein Wissen und die unermüdliche Energie, etwas auf die Beine zu stellen, haben mich immer wieder überzeugt, dieses Werk zu vollenden.